Sudoku

for Smart Kids

hamlyn

Sudoku
for Smart Kids

200 puzzles for
brainy children

First published in Great Britain in 2006 by
Hamlyn, a division of Octopus Publishing Group Ltd
2–4 Heron Quays, London E14 4JP

ISBN-13: 978-0-600-61533-0
ISBN-10: 0-600-61533-2

A CIP catalogue record for this book is available
from the British Library

Printed and bound in Great Britain by Mackays of
Chatham PLC, Chatham, Kent

10 9 8 7 6 5 4 3

Contents

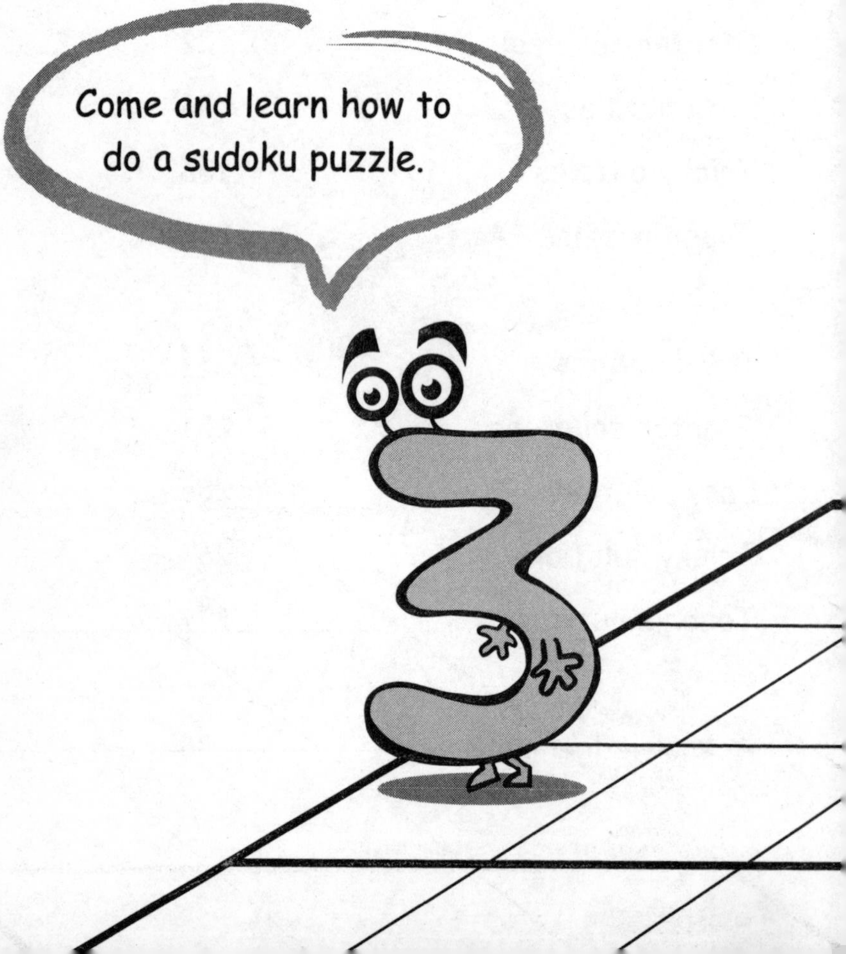
Come and learn how to do a sudoku puzzle.

Introduction

The sudoku craze

Have you noticed that lots of people seem to have their noses buried in books and newspapers, trying to work out sudoku brain-teasers? The sudoku craze is everywhere, so why don't you join in, too? You don't need to be a maths genius to do these puzzles, in fact, no maths is required at all; all you need is a little bit of logic. Sometimes the puzzles can be real brain bogglers and test your mental matter to the max, while others are easier to finish. Read on to find out how to do them and you'll soon catch the sudoku bug. Discover just how fun and addictive these cool puzzles really are!

Where did sudoku come from?

Did you know that sudoku means 'single number' in Japanese? The sudoku craze began in Japan in 1984, when Japanese people fell in love with these tricky number puzzles. The Japanese publisher, Nikoli, first spotted the puzzles, which the Americans called 'Number Place', in an American publication. Nikoli then decided to change a few of the American rules and the new game of sudoku was born. Sudoku is now one of the most popular puzzles in Japan and is quickly catching on all over the world, and you're about to find out why.

The aim of the game

The main rule to remember is that every row, column and square must contain each of the numbers 1–9 (or 1–6 in the starter puzzles), in any order, but each number must only appear once in each row, column or box. If you find, for example, that you've got two number 3s in one row, column or box, you know that you've gone wrong somewhere. Have a look at the terms below so that you know which part of the grid is which and check out the example grid that goes with them. Follow these simple rules and you'll soon be cracking those brain-busting sudoku codes.

What do the words mean?

Grid The whole area of the puzzle.

Row A horizontal (left edge to right edge) line.

Column A vertical (top to bottom) line.

Box Each 3 x 3-square area of the grid.

Section Any three boxes.

Square The individual square in which you write a number.

Note Always read the grid from left to right and top to bottom. The top-left box is, therefore, box 1; the bottom right box is box 9.

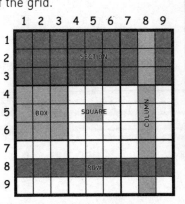

How to do it

The following rules relate to the 9 x 9 sudoku grids, but exactly the same rules apply to the easier 6 x 6 starter grids, too. It may seem a little confusing at first, but take it slowly and keep going back to read the rules. The more you do, the easier and more addictive the puzzles will become.

Step 1: Check the horizontal sections

Start by looking at the horizontal sections in the grid. Look at the highlighted section below. Can you see that boxes 5 and 6 both have a number 7 in them? Notice that box 4 doesn't have a number 7. This means that you can add a number 7 to box 4, and you can rule out rows 4 and 5 because they already have a 7 in them. Therefore there's only one square in box number 4 where the 7 can go.

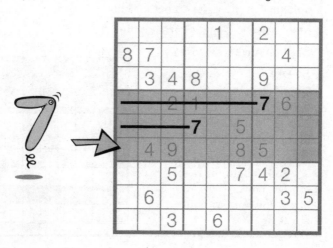

You can use the same logic to fill in some more numbers. Look at this highlighted section of the same grid. Can you see a 6 in boxes 7 and 8? This means that all but one of the squares in box 9 can be ruled out as the right place to put the 6.

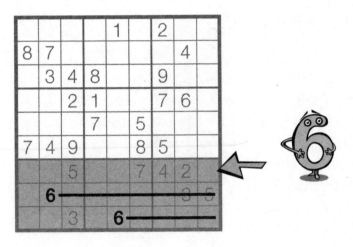

Look how easy that was.

Step 2: Check the vertical sections

Next you need to study the vertical sections of the grid. Remember that the same number can only appear once in each column. Look at the highlighted sections of the grids below and opposite to find out where to put the 7 in box 7 and the 6 in box 3.

				1		2		
8	7						4	
	3	4	8			9		
		2	1			7	6	
			7		5			
7	4	9			8	5		
		5			7	4	2	6
	6						3	5
		3		6				

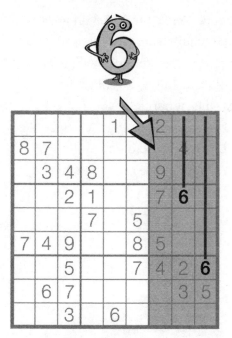

Can you see where the numbers go?

Step 3: Check both horizontal and vertical sections together

Look at the grid we've completed so far. The highlighted section shows boxes 5 and 8 already have a 7 but that box 2 is missing a 7. We can ignore the squares in columns 4 and 6 in box 2 (because those columns already have a 7) so we're left with two possible squares for the 7 in column 5 in box 2. Scan rows 1, 2 and 3 and notice that row 2 already has a 7 (in box 1). This gets rid of one of the possible squares in box 2. There's now only one square for the 7 to go in in box 2.

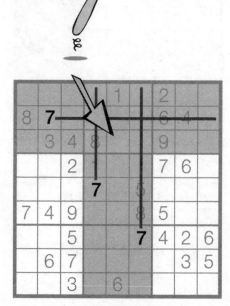

Step 4: Check the individual columns, boxes and rows

When you can't find any more squares to fill in using steps 1–3, start checking the individual rows, columns and boxes. First, look at the rows, columns or boxes that already have lots of numbers filled in, so you can easily see what's missing. Have a look at column 7 in the grid below. This column is missing 1, 3 and 8 and has empty squares in boxes 6 and 9. Study box 9 and you'll notice that box 9 has a 3 in it already, which means that the only place 3 can go in column 7 is in box 6.

Step 5: A process of elimination

You can use the tricks you've learned in steps 1–4 to fill in some of the other squares. Look in column 3 and you'll see that it's missing 1, 6 and 8. There are empty squares in boxes 1 and 4. Study box 1 and you'll notice it has an 8 already, which means that the 8 in column 3 must go in box 4. Check rows 1 and 2 and they'll show that as there's already a 1 (in row 1 of box 2) and a 6 (in row 2 of box 3) there's only one square each for the 1 and 6 in column 3.

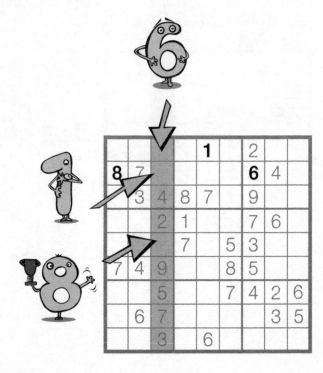

Step 6: What if there's more than one option?

Sometimes there is more than one option for placing a number. If this happens, write the numbers (in very small handwriting) in their possible squares in pencil so you can rub them out later. Look at row 1 in the grid below. It's missing numbers 3, 4, 5 and 9. You can place the 5 in box 1 because there are only two missing numbers in this box — the 5 and 9. Column 2 already has a 5 so there is only one possible square for 5, in column 1.

This means that 9 has to fill the only left over square in box 1. The 3 and 4 are not as easy to work out because they could fill squares in columns 4 or 6 in row 1. For now, write in pencil where they could possibly go. In row 4, it's the same situation. Numbers 4 and 9 could go in columns 5 or 6.

Step 7: Use logic

Sometimes you may not be able to fill in any more numbers. But, if you've written possible numbers in pencil you can use logic and brainpower to finish the puzzle. We're nearly there... box 8 is the key to finishing this puzzle. The small numbers in pencil show that there's only one square for number 9, which means that any other possible 9s in that box, row or column can be removed. The same applies to number 1 in box 9. This now makes it possible to complete the three boxes in this section and also the remaining blank squares in the grid.

	1	2	3	4	5	6	7	8	9	
	5	9	6	34	1	34	2	8	7	1
	8	7	1	29	5	29	6	4	3	2
	2	3	4	8	7	6	9	5	1	3
	3	5	2	1	49	49	7	6	8	4
	6	1	8	7	2	5	3	9	4	5
	7	4	9	6	3	8	5	1	2	6
19	8	5	39	9	7	4	2	6		7
149	6	7	294	8	1249	1	3	5		8
14	2	3	5	6	14	18	7	9		9

Tips for success

There are a few really useful tips and strategies, as in any game or puzzle you play, which can help you complete the sudoku grids.

One step at a time

Start by scanning the grid, looking for the obvious numbers that you can place straight away. Try scanning first section-by-section, then row-by-row, then column-by-column and finally square-by-square.

Take a break

If you get stuck on a puzzle, it's sometimes best to go away and leave it for a while. Remember, if you stare too closely for too long, you won't be able to see the clues that are right in front of you!

IMPORTANT: Never guess where a number might go, no matter how tempted you are, as this can lead to a horrible mess that you can't get out of. Keep searching for those hidden clues and you'll find them eventually.

What's next?

In the following pages you'll find 10 simple 6 x 6 square grids to practise and test your logic skills on. These will help to warm up your brain ready to tackle the 90 more brain-boggling 9 x 9 square grids. Each puzzle is unique, so you'll have to use your brainpower to figure them out. If you follow the logic we used in the practice sudoku grid, you'll be able to complete the more challenging ones successfully.

The stopwatch challenge

Why not time how long it takes for you to finish each puzzle? Underneath each grid you'll find a 'My time was...' section for you to fill in. See how much quicker you become once you've got a little practice under your belt. Why not challenge your family or friends to a sudoko contest, to see who'll become the ultimate sudoku master?

Ready, steady, go...

Once you've got the hang of sudoku, you'll be hooked. They're perfect boredom busters and you can do them anywhere — in the playground, on the bus to school or even when you're at home and have time to kill. Remember, you don't need to be a maths wizard to work these puzzles out. Anyone can do them. So, what are you waiting for... catch the sudoku bug and get puzzling!

Starter puzzles

1

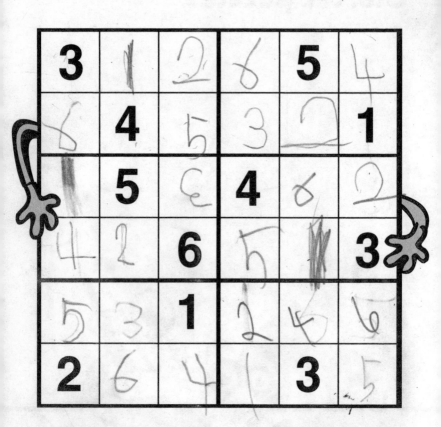

3	1	2	6	5	4
6	4	5	3	2	1
1	5	3	4	6	2
4	2	6	5	1	3
5	3	1	2	4	6
2	6	4	1	3	5

stopwatch challenge

My time was ....

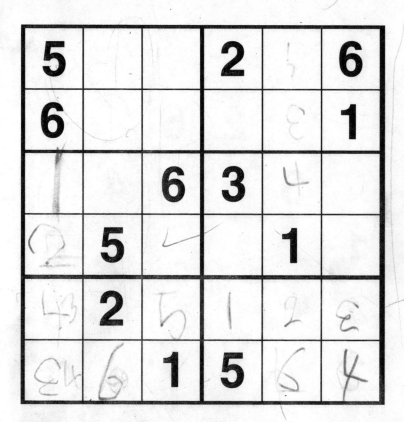

5			2		6
6					1
		6	3		
	5			1	
	2				
		1	5		

stopwatch challenge

My time was ....

6					5
		2	6		
	3			4	
1					6
4					3
2					1

stopwatch challenge

My time was ....

4					3
	1			5	
		6	2		
1					
	4			1	
2					6

stopwatch challenge

My time was ....

Starter puzzles   27

3					4
	1			6	
	4			2	
2					1
5		6	4		2

stopwatch challenge

My time was ....

	5				1
		3		5	
		1	6		
2				3	
	1		5		
4					3

stopwatch challenge

My time was ....

5				2	1
1					
	1		3		
	2		5		
					4
2	6				5

stopwatch challenge

My time was ....

		4		5	
	6				1
4			3		
5				2	
	3		6		

stopwatch challenge

My time was ....

	4			2	6
	1				
1			4		
		4			5
				6	
2	3			4	

stopwatch challenge

My time was ....

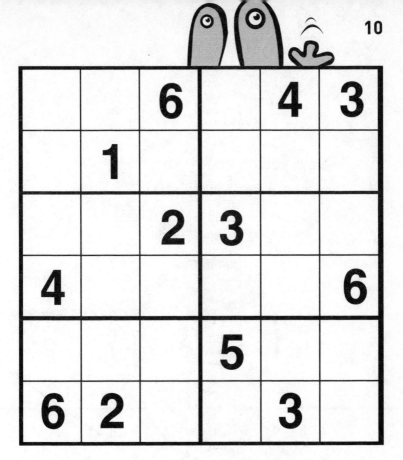

		6		4	3
	1				
		2	3		
4					6
			5		
6	2			3	

stopwatch challenge

My time was ....

Easy puzzles

	9	3	2		7	8	1	
8		7	4		1	5		9
1	2		5		8		7	3
3	4	5				7	9	6
6	8	1				3	4	2
4	3		9		6		5	7
2		6	8		4	9		1
	1	9	3		5	4	6	

stopwatch challenge

My time was ....

	5	1		9		2	3	
6		9	5		3	7		1
4	8						6	5
	7			6			8	
9			2		1			7
	1			5			2	
2	9						7	4
8		7	6		9	5		2
	4	5		7		8	9	

stopwatch challenge

My time was ....

		1	4		7	5		
		8	6	3	2	9		
9	7			8			2	6
7	8						5	2
	5	4				6	3	
3	2						4	8
4	9			2			1	7
		7	1	4	9	2		
		2	7		3	8		

stopwatch challenge

My time was ....

	1			4			2	
6		8	9		2	5		1
	9	2	1		5	8	6	
	3	1	2		4	7	9	
9								2
	2	4	8		6	1	3	
	7	3	4		1	9	5	
1		6	3		9	2		7
	8			2			1	

stopwatch challenge

My time was ....

			3		4			
	4	2	7		1	3	9	
	3	1	9	6	2	5	4	
4	8	3				1	5	7
		7				4		
1	2	9				6	8	3
	7	4	5	3	6	8	1	
	5	6	1		8	7	3	
			2		7			

stopwatch challenge

My time was ....

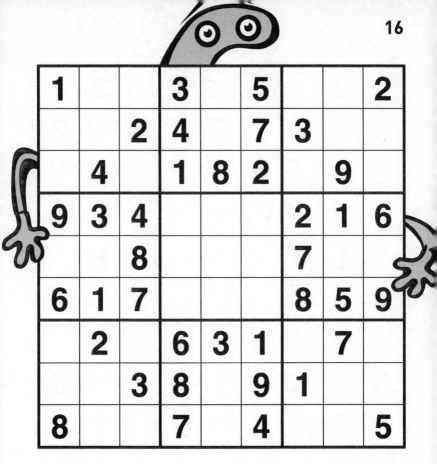

1			3		5			2
		2	4		7	3		
	4		1	8	2		9	
9	3	4				2	1	6
		8				7		
6	1	7				8	5	9
	2		6	3	1		7	
		3	8		9	1		
8			7		4			5

stopwatch challenge

My time was ....

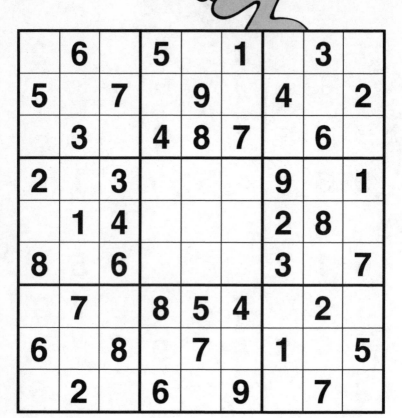

	6		5		1		3	
5		7		9		4		2
	3		4	8	7		6	
2		3				9		1
	1	4				2	8	
8		6				3		7
	7		8	5	4		2	
6		8		7		1		5
	2		6		9		7	

stopwatch challenge

My time was ....

	7		3		6		9	
	8						7	
3		5	1		9	4		6
	6	7	4	5	1	9	3	
		1		9		5		
	3	9	8	6	7	1	2	
6		3	7		2	8		9
	9						1	
	1		9		8		5	

stopwatch challenge

My time was ....

	4		6		7		1	
8			3		1			6
		1	8	5	2	7		
9	2	6				5	3	7
		4				1		
1	5	7				6	8	4
		2	5	8	4	9		
4			1		9			5
	9		2		6		7	

stopwatch challenge

My time was ....

		4		5		3		
	1	6				9	5	
3	9		2		8		1	4
		3	6	7	4	5		
6			1		3			2
		7	5	2	9	6		
5	6		7		2		4	3
	7	8				2	9	
		2		4		1		

stopwatch challenge

My time was ....

9		6				8		4
		4	6		1	3		
3	7		4		8		1	6
	9	1		6		5	2	
			5		9			
	4	2		1		7	6	
7	2		9		6		8	1
		9	1		7	6		
1		8				9		7

stopwatch challenge

My time was ....

	3		1		7		6	
1		8	5		6	7		2
	6			3			1	
4	9		6		5		7	1
		6				9		
8	2		9		3		4	5
	7			5			9	
3		4	7		9	2		6
	1		4		2		8	

stopwatch challenge

My time was ....

		1	5		3	6		
	9						2	
3		4	6	9	7	5		1
1		8		5		2		9
		3	9	7	2	1		
2		9		4		7		5
5		7	2	8	9	4		6
	4						5	
		2	4		5	8		

stopwatch challenge

My time was ....

Easy puzzles

	8	3				6	5	
1	6		2		3		9	7
9			8		6			4
	5	9	3		2	4	6	
	4	6	5		9	1	2	
5			6		7			9
2	9		1		5		8	6
	7	8				5	3	

stopwatch challenge

My time was ....

4		5	7	6	2	1		3
7			3	9	8			2
6		7		4		2		8
3		4	2		5	9		1
1		9		3		5		4
8			1	5	9			6
9		1	4	8	3	7		5

stopwatch challenge

My time was ....

		6				9		
	8	3				1	6	
4	2	7	9		1	3	8	5
6			3		7			2
		8	5		6	4		
2			4		9			3
7	3	9	8		5	2	1	6
	6	2				7	4	
		1				5		

stopwatch challenge

My time was ....

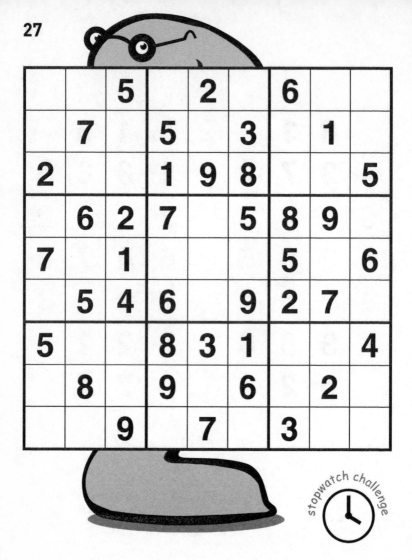

		5		2		6		
	7		5		3		1	
2			1	9	8			5
	6	2	7		5	8	9	
7		1				5		6
	5	4	6		9	2	7	
5			8	3	1			4
	8		9		6		2	
		9		7		3		

stopwatch challenge

My time was ....

				7				
	8	1		2		4	9	
	3	7	4	9	5	6	1	
		4	6		9	1		
6	2	9				3	7	5
		3	2		7	9		
	9	8	5	6	3	7	2	
	6	2		1		5	4	
				4				

stopwatch challenge

My time was ....

	4		3	6	8		9	
	6	3	2		7	1	5	
		9	1		4	6		
2		6				5		3
5		4				7		9
		2	7		1	4		
	1	7	6		5	9	8	
	5		9	4	2		7	

stopwatch challenge

My time was ....

5			6	2	1			4
4			8		9			3
	1	8				9	2	
		9	2		4	1		
1	4						6	7
		5	7		6	2		
	6	7				4	3	
2			3		7			8
8			9	6	2			1

stopwatch challenge

My time was ....

			1	4			2	
	5			3			1	
	6	1			5	4	9	
		5	4		3	1	7	9
	2		6	1		8		
		4	5		9	3	6	2
	1	6			2	9	3	
	4			9			8	
			8	6			5	

stopwatch challenge

My time was ....

3		6				9		7
	7		6		8		3	
4			5		3			8
2		8	3		4	1		9
		4				5		
1		5	7		6	2		3
6			4		7			1
	4		8		1		6	
8		3				7		4

stopwatch challenge

My time was ....

		6			5	9		3
	8			2		1	6	4
		7		1		2		
	3	2		4	1			
6			2		8			1
			6	9		8	4	
		9		5		4		
7	2	8		6			3	
4		1	8			7		

stopwatch challenge

My time was ....

		7	8		5	9		
	9						2	
	4	6	9		2	8	7	
4		5		6		3		7
9								8
7		2		8		6		9
	5	9	4		8	7	3	
	3						8	
		8	1		6	5		

stopwatch challenge

My time was ....

				9		7	8	6
	1	5			6		4	3
		8	4	2		5		9
	3	2		6	8			
				4				
	9	4		5	2			
		7	2	3		9		5
	4	9			5		7	1
				1		8	2	4

stopwatch challenge

My time was ....

		6	1		2	9		
		9	4		3	8		
2	8						3	4
8	9			4			5	3
			9	3	5			
1	5			7			6	9
3	4						9	6
		2	5		4	3		
		8	3		6	5		

stopwatch challenge

My time was ....

Easy puzzles   61

	8	1	7		3	4	5	
5		2	1		8	3		6
7		3		4		8		2
8	2	9				5	6	3
3				6				4
			8		9			
			2	3	4			
9	3		6		1		4	7

stopwatch challenge

My time was ....

				1	5	3	6	4
6		5	4			9	1	7
1	9			4	8	6		
	5		1		6		3	
		6	7	3			4	1
9	1	8			4	7		6
7	3	4	8	6				

stopwatch challenge

My time was ....

	9				2			3
					3		8	1
			9			2	6	5
	6	7					5	4
8	1	3	5		4	6	2	9
9	4					3	1	
4	5	2			8			
3	8		4					
6			2				9	

My time was ....

	3			6		8	4	5
2		8			7	3		6
6		4					2	
			2			7		8
8				1	4			9
			6			1		4
4		5					8	
9		6			5	4		3
	2			8		5	9	1

stopwatch challenge

My time was ....

				8	4		7	1
8	9		1	2		6		
3	4		6					
5			2	1		4	6	
					3		9	
6			5	9		7	1	
4	8		9					
1	6		7	4		3		
				5	1		4	6

stopwatch challenge

My time was ....

5			8		4			7
				9				
2	3	4				9	1	8
	4	1	2		6	3	9	
			4		5			
	5	8	9		1	4	7	
4	8	2				7	5	9
				2				
3			5		8			1

stopwatch challenge

My time was ....

		4	8	1	6	5		
8	5						1	9
			7		5			
	8	5		6		4	7	
3		6				8		5
	7	9		3		2	6	
			2		1			
5	9						4	2
		3	9	7	4	1		

stopwatch challenge

My time was ....

								9
4					7	2		6
	5	7		6	2	4		8
	8	9	5				4	
3	1		8		4		6	2
	2				3	8	9	
9		2	7	4		5	1	
5		1	2					4
8								

stopwatch challenge

My time was ....

3	1		7		9		8	6
	9		6	3	1		4	
		7				1		
7			5	6	8			9
5			4	9	3			7
		9				8		
	7		1	8	5		6	
1	8		9		4		3	2

My time was ....

		3	6		1	9		
9	6		3		2		7	4
2		6		3		7		8
		5	7	8	4	6		
3		8		1		5		9
6	2		8		7		3	5
		4	9		3	2		

stopwatch challenge

My time was ....

		3				4		
	9		2		1		3	
7	4						1	6
5		1				3		9
			5		2			
		9	6		3	7		
8								3
9		5	3		8	2		1
	3	4	1	5	6	9	7	

stopwatch challenge

My time was ....

	2				9			
		8	3	5	1	6	2	
		9		2				4
4	8			1			5	6
6						3	8	
3	9			8			4	1
		4		3				5
		5	4	6	2	1	3	
	6				5			

My time was ....

7			9		2			8
	3						9	
1			5	8	4			3
		9	3		1	4		
2		5				1		9
		3	2		8	6		
3			8	7	5			6
	5						4	
8			1		9			7

stopwatch challenge

My time was ....

								8
	9	5					1	
	8	1	2				7	
		7		2		8		4
			8	1	4	7	3	
				7			5	2
			1	8		5	6	
	2	9		4	7	3		1
8			5		3		4	

stopwatch challenge

My time was ....

			2					
4	7			3	5	6	9	
3	1				7	5		2
5		1		4		8	6	
								4
6		3		8		9	2	
2	8				3	7		9
7	5			2	8	4	3	
			4					

stopwatch challenge

My time was ....

4			2		3			6
				6				
2		3	7		9	5		1
1		4				8		2
	2		8		5		1	
3		7				9		5
6		8	5		7	3		9
				2				
5			3		1			8

stopwatch challenge

My time was ....

		9	5	6	1		8	
		9	5	6	1		8	
5					7		2	6
1		2		8		3	4	
	8	7	6		2	9	5	
	5	3		7		2		8
3	9		2					4
	4		8	1	9	5		

stopwatch challenge

My time was ....

6					7		9	3
1		2		3	8	5		6
		8	7			6	5	4
4		9	6				1	
		1	2			8	3	9
8		4		6	9	3		1
5					4		8	7

stopwatch challenge

My time was ....

5	9				3			1
		4			7			3
				8	4		9	6
7		8				3	2	
6	1						4	8
	3	5				1		7
1	8		7	2				
2			4			8		
4			9				7	2

stopwatch challenge

My time was ....

8			7					1
		1			6	8		9
	5						2	3
1					2	5	3	
				9	1	7	8	4
	6		5	8				2
	1		8	4				
		5	3	6				
9	8	6		2	5			

stopwatch challenge

My time was ....

7	1	9			6		
3					5	9	4
	4		5			1	7
		6	2		7	8	
	5		9				
		1	8		9	5	
	8		1			3	9
9					1	6	5
4	6	5			8		

stopwatch challenge

My time was ....

		5	1				9	
	7	2	9		4	1	5	
1	6				2			
						5	6	2
		6	7		9	4		
2	4	3						
			8				7	1
	5	1	3		6	8	2	
	3				7	6		

stopwatch challenge

My time was ....

					9		8	4
			5	8		7		
7	9				3		2	
4		9		3	7		5	6
			2		5			
3	1		4	6		2		7
	8		3				4	1
		1		2	4			
9	6		8					

stopwatch challenge

My time was ....

		3	7		9	4		
		7		6		1		
5	8		3		2		6	9
	2	6				8	3	
		5				2		
9				5				4
			6		4			
8		9				5		6
	4	1				9	2	

stopwatch challenge

My time was ....

	1						8	
7			3	4	8			2
		2		6		9		
		3	8		1	5		
6			9	3	2			8
8		1	4		6	7		5
9		6				8		3
	4	7				6	9	

stopwatch challenge

My time was ....

	8	1	2				5	
				8		2		1
		3	6	1			9	
8			3		2			
6	9	7	4			1	3	
				6	9	5		7
				2		8		4
	5			3				9
2				9	4			

stopwatch challenge

My time was ....

					1			
			4		2	8		
			3	6		4		1
	1	5					6	
		6			3		4	
8	2			9	6	5	3	
	6	3			4		9	5
			9	2	7	6		3
		7				2	1	

stopwatch challenge

My time was ....

	7						6	
		3	4		7	1		
5			8		9			3
1			6	9	8			2
		9		3		5		
3			5	1	2			7
7			9		6			1
		4	3		1	9		
	9						3	

stopwatch challenge

My time was ....

8				7				
	7				5	4		8
	5		4	9		3	1	
		2	1		9		4	
	8		3			1		
		3	5		6		7	
	1		7	5		9	3	
	4				3	7		1
3				1				

stopwatch challenge

My time was ....

						9		
		5	2				1	
	1	7	9	5				
	7	4		6				9
		9	5			3	7	8
					7		4	
3				2			9	7
	2			7	9	4		3
			4	8		2	5	6

stopwatch challenge

My time was ....

		7						
	1		3		5			8
	3	2	7	8		1		
1		3		7			2	5
7				9				1
2	6			5		9		4
		1		3	7	6	5	
9			6		2		8	
						2		

stopwatch challenge

My time was ....

							5	6
	2				7	3		
			6	9	8	2	1	4
						9		1
9		7	5		4	8		2
1		6						
3	1	5	2	4	9			
		2		5			9	
4	6							

stopwatch challenge

My time was ....

	9	7		3		6	5	
8			9		5			4
4			1		9			5
	7	3	2		8	9	4	
	1	5				8	2	
		2				1		
			8		2			
	8	1	6		3	4	7	

stopwatch challenge

My time was ....

						2		
		4		1	3	7		6
	8			9			5	
						6		3
	1	5			6		2	9
	2			8	7	4		5
8	3		1		2			
		6		5			4	
	5		7	6	9			

stopwatch challenge

My time was ....

						7	2	
6		2			4			9
	9		2	7				8
		9		5			7	
	8				9	1		
3	1					8		
9	4				7		5	
7		3	5	9		2		
	5	1	8				6	

stopwatch challenge

My time was ....

		2				8		
9	8						3	5
			8		9			
1								3
		9	5		6	7		
	6		9		7		8	
	3	4				6	2	
	1		6		8		9	
		8	7	2	3	1		

stopwatch challenge

My time was ....

8			3				4	
		6	2		1			5
	5	4		6	9			
	7			8		3	5	
	6		4		2	9		
3		2		9			6	1
			6			5	8	
				2	4	6		
			7					9

My time was ....

					5			
			3	8		7		1
	1	5		6			8	2
1	9						6	7
		4		3	9			
5	7						3	8
	8	7		9			1	4
			8	1		2		6
					7			

My time was ....

						1		6
2			5	3			4	
1			7		6		5	
		3		8	4		6	1
		2				5		
		1		6	5		2	7
6			9		8		7	
7			4	2			9	
						2		8

My time was ....

		7	6			3		
					7		9	
	6	9					5	7
9		4	1	6				5
		3	9			4	7	
5		1	8	7				6
	4	5					6	9
					2		8	
		8	3			7		

stopwatch challenge

My time was ....

					5	3		
				3				9
			6			2	8	5
		6		5			3	7
	7		9		6	5	4	
4				2		6		
7		3		6	4			8
		4	1	9				
	9	5	3			1		

stopwatch challenge

My time was ....

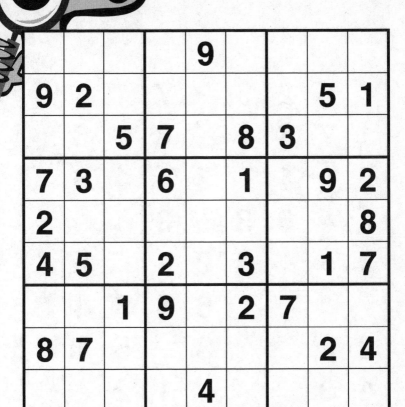

				9				
9	2						5	1
		5	7		8	3		
7	3		6		1		9	2
2								8
4	5		2		3		1	7
		1	9		2	7		
8	7						2	4
				4				

stopwatch challenge

My time was ....

	5	2	3		7			
1	7	3			8			
5		1		7		4	8	
	4	6	5		3			
			8	9			5	
				6	5	3	4	
2				3		5	1	
4	3				1	2		

stopwatch challenge

My time was ....

	2		6		7		1	
7		3				6		8
	5			1			9	
2			9		4			7
		6				9		
5			8		6			1
	9			4			8	
8		2				3		9
	6		3		9		4	

stopwatch challenge

My time was ....

			3		6	4	1	
			2		4	9		3
	4	7			3			8
							7	1
	1	3	7			2		
	7	4			9		2	5
	5			2		8		6
		2	8	4		7	3	

My time was ....

		2				6		
		8			6		3	
3	1						5	
			3	7	4			1
			6			3		7
	7		9			2	4	5
8				3	9		2	
	4	5			2	7	8	
			5	4	8			

My time was ....

	4						1	
8			2		5	6		
1		6				8		9
5				8	4			
6	8		9		2		3	4
			3	7				2
3		4				2		8
		5	8		3			1
	2						9	

stopwatch challenge

My time was ....

		7	4					
6	2						9	
5		1	9	3	6			
		6				4		
		2	7			1		
3				2		9		6
	8			5	3	2		1
1	5	4					6	
	6		1			5	8	

stopwatch challenge

My time was ....

				7	3			
1	2	6		9				
9								
6	3		4	2				5
	4		9		5		6	1
2		9		1	8			
			5				7	
				8	9		1	
4			3		2	9	5	

stopwatch challenge

My time was ....

	8					3		
	1			2			8	6
	5	7	8	9				
			4	7				1
1	6		9		3		5	7
9				1	2			
			3	9	6	2		
6	2		4				9	
		8					3	

stopwatch challenge

My time was ....

			3		5		1	6
		7		6		5	4	3
5		1		3			9	
	6	3	8		9	7	5	
	2			4		3		8
3	4	8		5		6		
9	5		7		3			

stopwatch challenge

My time was ....

						2		
	2		6	8			4	
	4	8	2					7
3	5	7						
8		2					6	
	9	6				5	2	
1		3	4	6	2	9		
			1		5	8	3	
		9		7	3			

stopwatch challenge

My time was ....

					9			8
		3		4			1	
	4				8	7		3
						2		4
	3				5			
1		8		2		5		
		4	8		7		6	9
	9					3	2	5
6		1	9			4	8	

stopwatch challenge

My time was ....

			9		2			
1								2
9		6				7		1
	6			7			5	
8								4
7		4	5		8	3		9
		8	2		3	4		
		1	7		4	5		
	4	3				9	2	

stopwatch challenge

My time was ....

					2		4	
		4				7		6
		1	6	4			2	
7			4	2				9
5			7		3	1		
2				8	6	5		
	6					2	8	
9	7	5						
	8		5	3	1			

stopwatch challenge

My time was ....

8		5				4		1
	1						3	
	9			4			2	
7			8		5			9
			6		2			
9	3						8	5
	5		2		7		1	
4	8	2				9	5	7
			9		4			

stopwatch challenge

My time was ....

	9							5
			5		1		4	
7				4	6			3
	7	6	9		5		3	
2						7		8
	5	4	8		7		2	
9				6	3			2
			4		2		9	
	1							6

stopwatch challenge

My time was ....

5								
		4	9			3		2
3				4	2		9	8
7		3	4				5	
		9		3		4		
	5				9	2		6
9	2		8	5				1
6		1			4	9		
								3

stopwatch challenge

My time was ....

Easy puzzles 119

					3	6		9
				8		5	3	
		1			5		7	
			6	2	4			5
	5		8					
8		6	9		4		1	
5	1		4				2	
	7	9			8	3	6	
4			2					

stopwatch challenge

My time was ....

	3						2	
7	5						4	8
			7		6			
		9	2		4	5		
		6				3		
	4						8	
5	6			2			9	1
4			9	6	8			7
8			1		7			3

stopwatch challenge

My time was ....

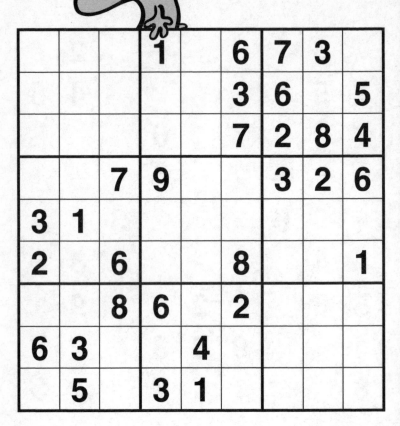

			1		6	7	3	
					3	6		5
					7	2	8	4
		7	9			3	2	6
3	1							
2		6			8			1
		8	6		2			
6	3			4				
	5		3	1				

stopwatch challenge

My time was ....

4								9
				5	8		6	
			6			5		3
		2		6	4	9		
	9		2		5		8	
	3		8	9		1		6
		8	1		6		3	
	1			3		6		
2		3			9			

stopwatch challenge

My time was ....

								3
			8			4	6	
	3			5	2			8
	8	1	2		4			9
9		7				6		1
5			9		6	7	8	
1			6	4			7	
	6	2			8			
8								

stopwatch challenge

My time was ....

5	2		3				6	
		4	2	8			9	
					9			3
				6		3	8	9
		7				6		
6	5	3		9				
8			6					
	3			7	4	1		
	9				1		4	6

stopwatch challenge

My time was ....

	7		5	9		2		
3					4			
9		1		2				6
6		9					7	
		2		5		3		8
			8					9
	6			4	8	7		
4		7						3
	1				3	9	5	

stopwatch challenge

My time was ....

								6
4	7		2	1				
3	1		5				7	
		9			7		3	2
		5		2			6	1
		1			3		4	5
9	5		6				8	
2	6		8	3				
								3

stopwatch challenge

My time was ....

		1		5				
	8			9			4	1
3	5	9	1		2			
	3	8						
1		6				8		9
						1	6	
			7		3	9	1	5
6	1			2			3	
				8		7		

stopwatch challenge

My time was ....

	5			9			7	
2					6		8	5
			7			9	6	
		4			3			8
5					9	4		2
	9		8	7				6
		8		6				
6	4	5						
	1		4	8	5			

stopwatch challenge

My time was ....

		8	7			9		
	7	4	3	6	9			
1								2
			8	1			9	
8		6			5		1	
					7		5	6
				4			3	5
3	6						2	
	2			5		7		

stopwatch challenge

My time was ....

	2						4	1
8						9		3
	3		4	9			6	
9		5		4				
			6	2	7	4		
		4		1		3		
	9	3	8		5			
		2				1		6
					1		3	

stopwatch challenge

My time was ....

			7	4	1		2	
					8			9
8		5	3					
2							8	5
4	1		6					2
		6		7		4		1
	4		2			8		
		3		6				
5				8	3	7		

stopwatch challenge

My time was ....

2	6						1	
		7	3			2		
8		3			5			
				7				8
	3	8	4	9	2	7	6	
9				6				
			6			9		7
		2			9	1		
	1						8	6

stopwatch challenge

My time was ....

		7			3		6	8
	6		2	7	1			3
5			8	2		6		
			9			8	7	
4			7	1		2		
	8		4	9	7			1
		2			8		9	7

stopwatch challenge

My time was ....

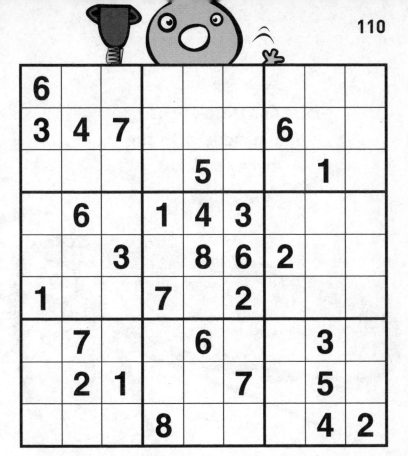

6								
3	4	7				6		
				5			1	
	6		1	4	3			
		3		8	6	2		
1			7		2			
	7			6			3	
	2	1			7		5	
			8				4	2

stopwatch challenge

My time was ....

Tricky puzzles

	8		1		7		3	
2		7	8		3	9		5
	6						8	
9	4			7			6	1
			2		9			
7	2			4			9	3
	5						7	
3		6	5		2	4		8
	9		7		1		2	

stopwatch challenge

My time was ....

5		9	7		1	3		6
		3				7		
7	4						8	1
2			5	4	6			3
			9		8			
4			3	1	2			7
1	2						3	5
		6				2		
8		7	2		3	9		4

stopwatch challenge

My time was ....

		4	8	9	2	5		
8			7	6	1			3
5		2	1		9	3		8
3		9				2		4
1		6	3		4	7		5
4			9	1	6			7
		1	5	8	3	9		

stopwatch challenge

My time was ....

		3	1	9	6	7		
	6		7	8	4		9	
8		4		1		6		9
1	2						8	5
5		6		3		2		4
	1		2	6	3		4	
		2	4	7	8	9		

stopwatch challenge

My time was ....

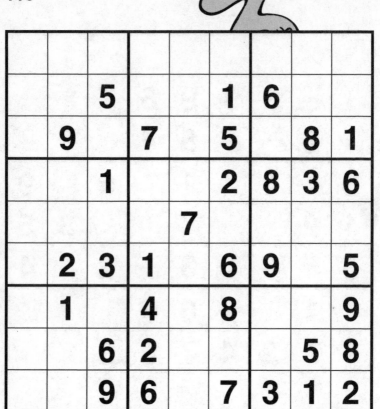

		5			1	6		
	9		7		5		8	1
		1			2	8	3	6
				7				
	2	3	1		6	9		5
	1		4		8			9
		6	2				5	8
		9	6		7	3	1	2

stopwatch challenge

My time was ....

	2						9	
6	8		9		2		3	4
5			6		1			2
3	6		2		7		5	1
				4				
7	5		1		9		4	8
8			7		4			3
4	7		5		3		2	9
	3						1	

stopwatch challenge

My time was ....

	9						2	
7		2	9		8	6		3
	3	1				9	7	
	7		8	3	6		9	
			5		2			
	2		1	7	4		8	
	6	3				8	1	
1		5	6		7	4		9
	4						5	

stopwatch challenge

My time was ....

	8							5	
	4	7	1		5	3	6	
5				3				4
		1	5		8	9		
		5	7		3	1		
		4	6		1	2		
1				5				3
	6	3	2		4	5	9	
	5						1	

stopwatch challenge

My time was ....

	9						8	
	8		1	7	4		9	
5		3				2		4
		8	6		7	5		
	4	2	8		5	6	1	
		9	3		2	8		
8		5				4		1
	7		4	6	8		5	
	2						6	

stopwatch challenge

My time was ....

6	2	9		5		7	1	4
3			7		2			5
2	8		9		1		5	6
			3		6			
9	6		5		4		8	7
7			6		8			9
8	9	6		4		5	2	3

stopwatch challenge

My time was ....

					4			
1				6	5	9	7	2
6		2	1		9			3
	1	4					6	9
7		6						
	9	8					3	7
4		5	6		7			1
3				5	2	7	4	6
					1			

My time was ....

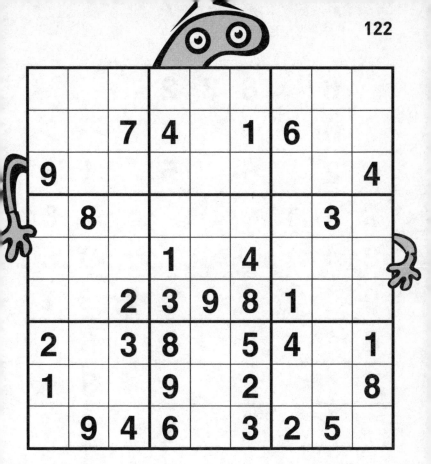

		7	4		1	6		
9								4
	8						3	
			1		4			
		2	3	9	8	1		
2		3	8		5	4		1
1			9		2			8
	9	4	6		3	2	5	

stopwatch challenge

My time was ....

	6		8	3	2			
	8							
	2		6		5		1	3
2		1	4					8
8	4						9	6
9					3	7		1
6	1		3		9		8	
							3	
			5	1	4		6	

stopwatch challenge

My time was ....

			6				9	
	4	9						1
	7			9		4		
5				4				
		2	8	3	1	9	4	
				2			1	3
		6		7				4
4				1	9		6	8
	8				3	1	5	

stopwatch challenge

My time was ....

					6	1	4	
				3		9	5	8
				2	8			
	1	6						
8		4				5	2	7
5	2			3			6	
1	9			4		7	3	5
	8			5			1	2

stopwatch challenge

My time was ....

		4		8		5		
			3		5			
2	1						3	6
	9		8		6		7	
6			7		3			4
	5		4		1		6	
7	8						1	3
			2		7			
		2		1		7		

stopwatch challenge

My time was ....

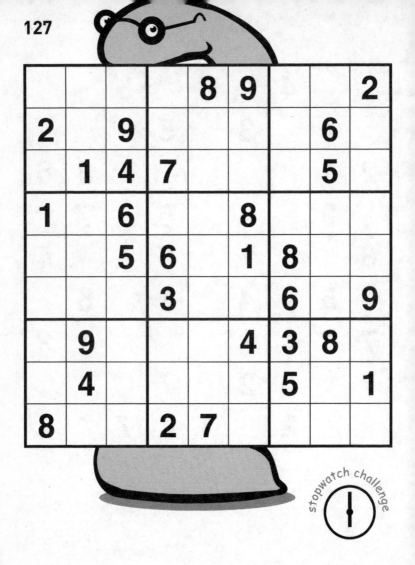

				8	9			2
2		9					6	
	1	4	7				5	
1		6			8			
		5	6		1	8		
			3			6		9
	9				4	3	8	
	4					5		1
8			2	7				

stopwatch challenge

My time was ....

5			3		1			8
			2		7			
		8				2		
		5				6		
	4			5			2	
9	2		4		8		5	3
			8		9			
8	1	9	5		4	3	7	2
4				1				5

stopwatch challenge

My time was ....

1			8		3			6
			9		4			
4		7		1		9		8
3		8				7		4
	7						8	
9		2				3		1
8		6		5		1		3
			3		6			
2			1		8			7

stopwatch challenge

My time was ....

1			3		9			4
		3		8		7		
9	7						1	5
	2	4	7		5	3	9	
		1	9		4	5		
	9	2	6		1	8	3	
		6	8		3	9		

stopwatch challenge

My time was ....

					3			
7			6					1
	9		7	2	5		3	
		2					6	9
	3	9	5		8	1	4	
4	7					8		
	4		2	8	7		1	
3					6			7
			4					

stopwatch challenge

My time was ....

		8				3		
					7		9	4
		2	3		5	8		1
	3	6	4		2			
2				7		5		8
	8	1	5		3			
		3	7		4	9		5
					9		2	6
		9				7		

stopwatch challenge

My time was ....

			6		9			
	2	3				4	1	
	7			3			2	
2			4		8			1
		7				9		
4			2		3			7
	5			4			9	
	3	4				8	7	
			8		7			

stopwatch challenge

My time was ....

			4		5			8
			3				2	
	3				6	4		9
				1		5	6	3
	1		9		3		4	
8	2	3		6				
4		8	6				5	
	5				8			
6			1		7			

stopwatch challenge

My time was ....

		7						
5	9		7		2	8		
		2	4	8		7	6	
7			5		8		9	
4			6		1		3	
		9	8	1		3	7	
6	3		9		5	4		
		4						

stopwatch challenge

My time was ....

	8							
				9		7	6	
3	6				8		9	2
6		2	8				4	5
				7				
1		5	4				7	3
8	2				6		3	7
				8		6	5	
	4							

stopwatch challenge

My time was ....

		7					2	
8					4	9		3
1		4			2		6	
		1		6		4	9	
4	6		1		3			
	7		5	4				
					6	7		8
			2	5				
5				7		2	4	

stopwatch challenge

My time was ....

							3	
	2	4				8		5
		5		7	4	6		
2				8	7	9		
7					9		1	6
5				6	2	3		
		9		2	3	7		
	7	3				1		2
							6	

stopwatch challenge

My time was ....

	5		8				9	
9		8			7			
6		1	5		4			
5	6	4						3
3								4
8						7	2	6
			3		5	1		7
			7			3		8
	8				1		5	

stopwatch challenge

My time was ....

			3		5			
		3		9		8		
4								1
	6						3	
8			2	1	6			5
	1	9				2	4	
		6	7		3	9		
	4						7	
		7	4	2	1	6		

stopwatch challenge

My time was ....

		4						
			6		9			8
			2	4		3		5
		8		9		5	6	
	4		3		8		1	
	9	3		5		8		
1		7		3	2			
5			9		1			
						1		

stopwatch challenge

My time was ....

					4	7	8	
		3					6	5
				6	8	2		4
			9		1		5	7
	8		7	4			1	
	2		4					
	4	1		7	5			8
		9	8	2			7	

stopwatch challenge

My time was ....

					7			
6		9		8				
8	5	3		9	4			1
7							1	3
1				7	6		4	2
5							9	8
9	1	5		6	3			7
3		4		5				
					8			

stopwatch challenge

My time was ....

								6
		6			3	2		
	7	5	4		6			
	1		5				4	2
6		2	1		8	7		5
3	5				7		1	
			6		1	5	2	
		8	7			3		
1								

My time was ....

						7		5
2		5	3					
	4				5			6
3	5		6	8		1		
	8		9		1			
7		1		2	3		6	
1			8				4	
				4	7	8		
		4	1		9		7	

stopwatch challenge

My time was ....

3				9				
	2			4		9		5
5				1	2	8		6
2		6			4			1
					9			
1		9			3			2
4				3	7	6		9
	1			8		7		3
6				5				

My time was ....

9			1		4	2		
	3				7		8	6
		5		9			2	8
4			2				6	
		9		3			4	7
	2				3		7	9
6			7		9	3		

stopwatch challenge

My time was ....

			5	4		7		6
6		8		1	9			4
	3	2		5				
9	6		4		7		3	5
				6		1	9	
8			2	3		6		9
4		3		7	5			

stopwatch challenge

My time was ....

	1						5	
			6	3	4			
	6	4		8		3	7	
	9	5		1		8	4	
6								7
	2	8		9		5	3	
	8	2		6		7	1	
			1	2	8			
	5						2	

stopwatch challenge

My time was ....

			9				2	4
					3			8
	5			1				
7			5	2			9	
	1	8			9	3		
		9			6			7
9			8	6				
6				5		2		
4	8	3			2			

stopwatch challenge

My time was ....

	3						4	
	9		7		1		6	
1		8				9		7
		6				4		
	8		6	9	4		1	
	5	4				2	8	
3	2			7			9	4
		1	4	3	9	5		

stopwatch challenge

My time was ....

3	4		1		2		8	5
	1	2	8		7	9	3	
1			5	7	4			2
7			6		3			9
		5				8		
			2	5	6			
		1	4		8	6		

stopwatch challenge

My time was ....

	8							2
3			4				5	
						7		
	6		2	4	7			8
			1		6			
			9	5			3	4
		7				2		5
	2				1			
1			5		3	8		6

stopwatch challenge

My time was ....

1								5
	5			4			6	
			3		6			
			7		5			
9								2
7	3	5				1	4	9
		3				2		
	9		8		2		7	
	2	4				6	8	

stopwatch challenge

My time was ....

	8	3	1				2	
	4		7	9			5	3
1			9	6	3	4		
					7			9
9			2	8	1	5		
	5		3	1			7	8
	1	9	5				6	

stopwatch challenge

My time was ....

				6			9	
	4	3			8			1
			3	7		2		
3			2				1	
2			9			6		3
		4		1	3	5		
4	6		1				7	
		2					4	
		9		4	6			

stopwatch challenge

My time was ....

	2	7						
1		5						
4	9			3	8		2	7
					7			
		8				2	7	1
		1	9				6	
				9			4	2
		4		5	2	9		8
		9		4		7	3	6

stopwatch challenge

My time was ....

6	4	1						
7	9	8	5					
8		7	3	5				
					8			
	5	2	6		7	9		
	7		1		2	5	9	
		6	7			1	3	
					6	8	4	

stopwatch challenge

My time was ....

					5			
				7			3	
		8			1	7	4	6
				2			1	
	1		3			6		
4		5				8		
		4		8	2	3		
	3	1	4				9	7
		2					8	5

My time was ....

			1		2			6
8			1		2			6
4		9		5		1		2
	8		3		4		5	
	1		6		5		4	
		6		9		5		
			5		6			
1	9		2		3		7	4

stopwatch challenge

My time was ....

	4						5	
	9		7	5	1		4	
	7						8	
8	5		6		3		1	9
3	2						6	4
	8	7	1		9	2	3	
2		5	3		7	4		1

stopwatch challenge

My time was ....

			8	5			6	
			3					
			9	7	6	2	8	3
4	7	8			1	6		
9		2						
		1	7					
		9	6				3	4
5		7				9		8
		4				7	2	

stopwatch challenge

My time was ....

						3		
		4	2	3		7		
		7		6			9	2
8		1			7			
7				1		8	3	
	5	6					7	
		3	8		4	6	2	
4			3					
	8			5	6			

stopwatch challenge

My time was ....

8						6	7	4
			7	4	1			3
	6	8		7	5			
	5		4	3	9		2	
			8	1		5	9	
6			1	5	3			
4	3	9						2

stopwatch challenge

My time was ....

			5	8		1		
4	3				6		7	
		2		6	8		5	3
	9				2			8
		6		4	7		1	9
7	5				3		6	
			6	1		3		

stopwatch challenge

My time was ....

	7	3			2			9
9		4	5			7		
				6				7
7	1		8		9		2	6
2				5				
		6			5	2		3
4			7			5	6	

stopwatch challenge

My time was ....

	8							
9				2	4			
			3					5
		6			5	4		
	5				6	3		9
	2		8	4			5	
			9	8			3	6
					1	5		
		3		6		7		8

stopwatch challenge

My time was ....

		5				6		
7		1				3		9
	7	4				9	8	
			7	1	6			
5								2
2			8	9	4			6
		8		5		2		
	4		2		3		5	

stopwatch challenge

My time was ....

7	8		2					
	4	6	3	8				
9				5				
	7	8			6	9		
			8			5	1	
1				4		3		
	3			9		2	5	
		7			1		9	

stopwatch challenge

My time was ....

			2	1	4			
			9				8	6
				5		7		
	4	2		9	1			
	9		4	3				8
	6		4		2			9
	9	7						
	1			3	5			

stopwatch challenge

My time was ....

			2	3			9	4
			6	5			3	
						7	4	
	9	8				2		
	5	2					8	3
			6	3			5	
	3	9	4		7	6		8
	2				9		1	

My time was ....

				6	3	9		5
	3		1				4	
6					4		8	7
	1		5	2	8		3	
8	2		3					4
	8				2		5	
1		2	6	9				

stopwatch challenge

My time was ....

			9					7
					6		5	
4	8			7				
2	6		5	4	1			
		8				4		
			2	9	8		1	3
				6			4	9
	7		8					
5					9			

stopwatch challenge

My time was ....

				8		6		4
			6		2			3
		3		7		8		
	9		1				6	
		2			6	1	4	7
	5		9		7			
				5	4			6
	2	1			3		5	

stopwatch challenge

My time was ....

						2		
	7	9						3
	3		2				9	
		5						2
				8	2			1
				1	7		4	8
9							1	5
		1			3	8		
	4		9	5	1	6		

stopwatch challenge

My time was ....

Tough puzzles

				2				3
	8		4					
	3	4				6	9	8
1		5			6	9		
				4			5	
6		3			8	7		
	6	8				4	1	2
	1		6					
				8				9

stopwatch challenge

My time was ....

		6	4	3	9	2		
	9	7	6		2	3	5	
			5		4			
4		5		8		9		1
			1		3			
	1	8	9		5	7	6	
		9	8	2	7	4		

stopwatch challenge

My time was ....

	4							
							3	1
		2		1	8	4	7	
		9	7		2			
	2	7	5		3	8	4	
			8		1	3		
	8	5	1	2		6		
6	1							
							8	

My time was ....

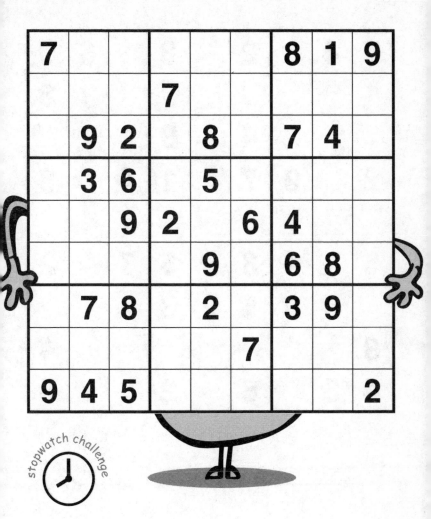

7						8	1	9
			7					
	9	2		8		7	4	
	3	6		5				
		9	2		6	4		
				9		6	8	
	7	8		2		3	9	
					7			
9	4	5						2

stopwatch challenge

My time was ....

7	4		2		8		6	9
1								3
			4		9			
2		3	7		1	4		8
6		4	3		5	7		2
			5		3			
9								4
4	3		8		2		7	5

stopwatch challenge

My time was ....

1			1					
		4	2			8	6	
			8	4	1			7
5	1	3		2			7	4
								5
6	4	2		7			8	3
			1	3	5			9
		9	7			3	1	
7								

stopwatch challenge

My time was ....

		8			7		4	
	1		2	3				8
9			5		8			
						6		5
	3		1				7	
7				6		3	9	
								2
4				5			8	
3	9		8			4		

stopwatch challenge

My time was ....

		3		7		9		
8					5			
			3	6				5
	3	5	7				6	
7		4				1		9
6	9				1	2		
5				8	6			3
			9		7			
		7	4	5			9	

stopwatch challenge

My time was ....

					5			6
		3				7		
		6	8	2				
	6	5			2		4	3
		8	1	4		6		
	7	9			3		1	2
		1	4	6				
		7				5		
					7			8

stopwatch challenge

My time was ....

			7					
		6	8					
4	3				9			
7				5		9		
		4			6			
			2				8	3
		3		6			9	
6	1					2		
9	2				1	4		

stopwatch challenge

My time was ....

		8		9		7		
		2	8		5	9		
1	9			4			8	6
	8						9	
3		4				6		5
	6						2	
8	3			2			5	9
		5	9		1	2		
		1		5		3		

stopwatch challenge

My time was ....

9		2				6		8
	6	3		7		5	9	
		7	1	2	9	4		
	5						2	
		9	5	4	7	3		
	3	8		1		2	4	
4		1				7		3

My time was ....

				4	1		5	
9					8	6		7
	4	6	8		3			9
		2				3		
5			9		2	1	6	
2		4	3					6
	8		7	5				

stopwatch challenge

My time was ....

8				1		4	6	2
				9	2			7
3	2	1		8	4		9	
5	4	7		6	1		2	
				3	5			6
9				2		8	5	4

stopwatch challenge

My time was ....

			2					
	2				5	4		9
7	6			4			2	
3			4		8			6
2			5				1	
8			9		2			3
4	9			2			8	
	7				4	3		2
			6					

stopwatch challenge

My time was ....

			6		7		5	
2		5		1	4			
	8	2				5	7	
		1	8			2		
4				3			6	
	2			9	6	1		
		7			2			
			5			9		

stopwatch challenge

My time was ....

				6				
6	2	4					1	3
					3		2	4
					5		7	8
1		2				4		6
7	5		2					
9	7		3					
5	4					8	6	9
				4				

stopwatch challenge

My time was ....

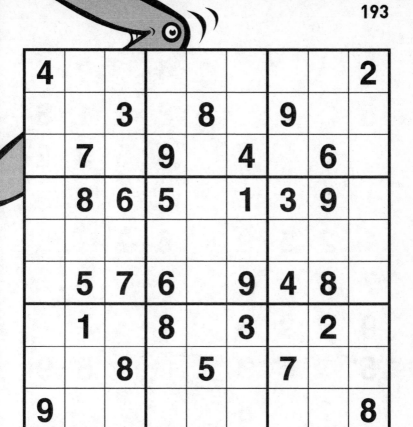

4								2
		3		8		9		
	7		9		4		6	
	8	6	5		1	3	9	
	5	7	6		9	4	8	
	1		8		3		2	
		8		5		7		
9								8

stopwatch challenge

My time was ....

					4		7	
					3	1		6
			7		8	5	3	2
	4						6	
	2	5	9		6	7	1	
	6						9	
4	7	9	5		1			
8		6	3					
	1		8					

stopwatch challenge

My time was ....

	4		1		7		2	
	3	6	4	5	2	1	8	
5	9						1	6
		4				7		
1	7						5	4
	1	7	5	8	6	2	3	
	8		9		4		7	

stopwatch challenge

My time was ....

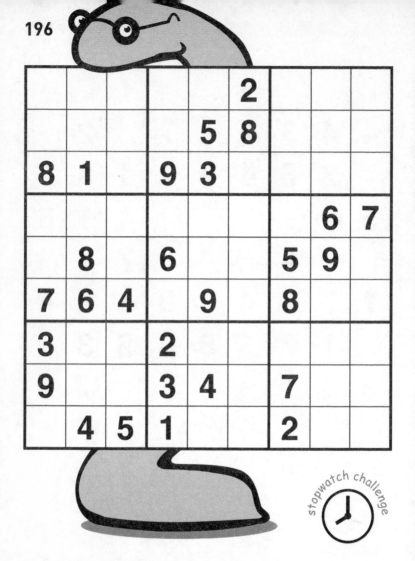

					2			
				5	8			
8	1		9	3				
							6	7
	8		6			5	9	
7	6	4		9		8		
3			2					
9			3	4		7		
	4	5	1			2		

stopwatch challenge

My time was ....

						1		
4		3						
		7	6	8	2			5
5			2			4		
		6				7		
7		9	4		8	6		
			1	6		5	3	
3								
	1		3		7		9	

My time was ....

6							9	
	7			2				8
1		3						
			3	1				
	6				4		1	
2	1	8			6			
4			7			2		
			2	4			5	
		7	5			6		3

stopwatch challenge

My time was ....

				7				
		1	2					9
	3	5	4					
	8	7				1		5
4				2		6	8	
							2	4
			9	4				6
				1	6			8
	9		3		2	7	5	

stopwatch challenge

My time was ....

			1					
			3		5			
		4	7		9	6		
5	7						6	8
	2	8				5	4	
4		9				7		1
	1	6		8		3	7	
		5	4	9	3	1		

stopwatch challenge

My time was ....

Starter solutions

1

3	1	2	6	5	4
6	4	5	3	2	1
1	5	3	4	6	2
4	2	6	5	1	3
5	3	1	2	4	6
2	6	4	1	3	5

2

5	1	4	2	3	6
6	3	2	4	5	1
1	4	6	3	2	5
2	5	3	6	1	4
4	2	5	1	6	3
3	6	1	5	4	2

3

6	4	1	3	2	5
3	5	2	6	1	4
5	3	6	1	4	2
1	2	4	5	3	6
4	1	5	2	6	3
2	6	3	4	5	1

4

4	6	5	1	2	3
3	1	2	6	5	4
5	3	6	2	4	1
1	2	4	3	6	5
6	4	3	5	1	2
2	5	1	4	3	6

5

3	6	2	1	5	4
4	1	5	2	6	3
6	4	1	3	2	5
2	5	3	6	4	1
1	2	4	5	3	6
5	3	6	4	1	2

6

6	5	4	3	2	1
1	2	3	4	5	6
5	3	1	6	4	2
2	4	6	1	3	5
3	1	2	5	6	4
4	6	5	2	1	3

7

5	3	6	4	2	1
1	4	2	6	5	3
6	1	5	3	4	2
4	2	3	5	1	6
3	5	1	2	6	4
2	6	4	1	3	5

8

3	1	4	2	5	6
2	6	5	4	3	1
4	5	1	3	6	2
6	2	3	5	1	4
5	4	6	1	2	3
1	3	2	6	4	5

9

5	4	3	1	2	6
6	1	2	3	5	4
1	6	5	4	3	2
3	2	4	6	1	5
4	5	1	2	6	3
2	3	6	5	4	1

10

2	5	6	1	4	3
3	1	4	6	2	5
5	6	2	3	1	4
4	3	1	2	5	6
1	4	3	5	6	2
6	2	5	4	3	1

Easy solutions

How did you do?

11

5	9	3	2	6	7	8	1	4
8	6	7	4	3	1	5	2	9
1	2	4	5	9	8	6	7	3
3	4	5	1	8	2	7	9	6
9	7	2	6	4	3	1	8	5
6	8	1	7	5	9	3	4	2
4	3	8	9	1	6	2	5	7
2	5	6	8	7	4	9	3	1
7	1	9	3	2	5	4	6	8

12

7	5	1	4	9	6	2	3	8
6	2	9	5	8	3	7	4	1
4	8	3	1	2	7	9	6	5
5	7	2	9	6	4	1	8	3
9	6	8	2	3	1	4	5	7
3	1	4	7	5	8	6	2	9
2	9	6	8	1	5	3	7	4
8	3	7	6	4	9	5	1	2
1	4	5	3	7	2	8	9	6

13

2	6	1	4	9	7	5	8	3
5	4	8	6	3	2	9	7	1
9	7	3	5	8	1	4	2	6
7	8	9	3	6	4	1	5	2
1	5	4	2	7	8	6	3	9
3	2	6	9	1	5	7	4	8
4	9	5	8	2	6	3	1	7
8	3	7	1	4	9	2	6	5
6	1	2	7	5	3	8	9	4

14

5	1	7	6	4	8	3	2	9
6	4	8	9	3	2	5	7	1
3	9	2	1	7	5	8	6	4
8	3	1	2	5	4	7	9	6
9	6	5	7	1	3	4	8	2
7	2	4	8	9	6	1	3	5
2	7	3	4	6	1	9	5	8
1	5	6	3	8	9	2	4	7
4	8	9	5	2	7	6	1	3

15

6	9	5	3	8	4	2	7	1
8	4	2	7	5	1	3	9	6
7	3	1	9	6	2	5	4	8
4	8	3	6	2	9	1	5	7
5	6	7	8	1	3	4	2	9
1	2	9	4	7	5	6	8	3
9	7	4	5	3	6	8	1	2
2	5	6	1	9	8	7	3	4
3	1	8	2	4	7	9	6	5

16

1	7	9	3	6	5	4	8	2
5	8	2	4	9	7	3	6	1
3	4	6	1	8	2	5	9	7
9	3	4	5	7	8	2	1	6
2	5	8	9	1	6	7	4	3
6	1	7	2	4	3	8	5	9
4	2	5	6	3	1	9	7	8
7	6	3	8	5	9	1	2	4
8	9	1	7	2	4	6	3	5

17

4	6	9	5	2	1	7	3	8
5	8	7	3	9	6	4	1	2
1	3	2	4	8	7	5	6	9
2	5	3	7	6	8	9	4	1
7	1	4	9	3	5	2	8	6
8	9	6	1	4	2	3	5	7
9	7	1	8	5	4	6	2	3
6	4	8	2	7	3	1	9	5
3	2	5	6	1	9	8	7	4

18

1	7	4	3	8	6	2	9	5
9	8	6	5	2	4	3	7	1
3	2	5	1	7	9	4	8	6
2	6	7	4	5	1	9	3	8
8	4	1	2	9	3	5	6	7
5	3	9	8	6	7	1	2	4
6	5	3	7	1	2	8	4	9
4	9	8	6	3	5	7	1	2
7	1	2	9	4	8	6	5	3

19

2	4	5	6	9	7	3	1	8
8	7	9	3	4	1	2	5	6
6	3	1	8	5	2	7	4	9
9	2	6	4	1	8	5	3	7
3	8	4	7	6	5	1	9	2
1	5	7	9	2	3	6	8	4
7	1	2	5	8	4	9	6	3
4	6	3	1	7	9	8	2	5
5	9	8	2	3	6	4	7	1

20

7	8	4	9	5	1	3	2	6
2	1	6	4	3	7	9	5	8
3	9	5	2	6	8	7	1	4
1	2	3	6	7	4	5	8	9
6	5	9	1	8	3	4	7	2
8	4	7	5	2	9	6	3	1
5	6	1	7	9	2	8	4	3
4	7	8	3	1	6	2	9	5
9	3	2	8	4	5	1	6	7

21

9	1	6	2	3	5	8	7	4
2	8	4	6	7	1	3	9	5
3	7	5	4	9	8	2	1	6
8	9	1	7	6	4	5	2	3
6	3	7	5	2	9	1	4	8
5	4	2	8	1	3	7	6	9
7	2	3	9	5	6	4	8	1
4	5	9	1	8	7	6	3	2
1	6	8	3	4	2	9	5	7

22

2	3	5	1	8	7	4	6	9
1	4	8	5	9	6	7	3	2
9	6	7	2	3	4	5	1	8
4	9	3	6	2	5	8	7	1
7	5	6	8	4	1	9	2	3
8	2	1	9	7	3	6	4	5
6	7	2	3	5	8	1	9	4
3	8	4	7	1	9	2	5	6
5	1	9	4	6	2	3	8	7

23

7	8	1	5	2	3	6	9	4
6	9	5	8	1	4	3	2	7
3	2	4	6	9	7	5	8	1
1	7	8	3	5	6	2	4	9
4	5	3	9	7	2	1	6	8
2	6	9	1	4	8	7	3	5
5	3	7	2	8	9	4	1	6
8	4	6	7	3	1	9	5	2
9	1	2	4	6	5	8	7	3

24

4	8	3	7	9	1	6	5	2
1	6	5	2	4	3	8	9	7
9	2	7	8	5	6	3	1	4
7	5	9	3	1	2	4	6	8
3	1	2	4	6	8	9	7	5
8	4	6	5	7	9	1	2	3
5	3	1	6	8	7	2	4	9
2	9	4	1	3	5	7	8	6
6	7	8	9	2	4	5	3	1

25

4	9	5	7	6	2	1	8	3
2	3	8	5	1	4	6	9	7
7	1	6	3	9	8	4	5	2
6	5	7	9	4	1	2	3	8
3	8	4	2	7	5	9	6	1
1	2	9	8	3	6	5	7	4
8	7	2	1	5	9	3	4	6
5	4	3	6	2	7	8	1	9
9	6	1	4	8	3	7	2	5

26

1	5	6	7	3	8	9	2	4
9	8	3	2	5	4	1	6	7
4	2	7	9	6	1	3	8	5
6	9	4	3	1	7	8	5	2
3	7	8	5	2	6	4	9	1
2	1	5	4	8	9	6	7	3
7	3	9	8	4	5	2	1	6
5	6	2	1	9	3	7	4	8
8	4	1	6	7	2	5	3	9

27

1	3	5	4	2	7	6	8	9
9	7	8	5	6	3	4	1	2
2	4	6	1	9	8	7	3	5
3	6	2	7	4	5	8	9	1
7	9	1	3	8	2	5	4	6
8	5	4	6	1	9	2	7	3
5	2	7	8	3	1	9	6	4
4	8	3	9	5	6	1	2	7
6	1	9	2	7	4	3	5	8

28

9	4	6	8	7	1	2	5	3
5	8	1	3	2	6	4	9	7
2	3	7	4	9	5	6	1	8
7	5	4	6	3	9	1	8	2
6	2	9	1	8	4	3	7	5
8	1	3	2	5	7	9	6	4
4	9	8	5	6	3	7	2	1
3	6	2	7	1	8	5	4	9
1	7	5	9	4	2	8	3	6

29

1	4	5	3	6	8	2	9	7
8	6	3	2	9	7	1	5	4
7	2	9	1	5	4	6	3	8
2	8	6	4	7	9	5	1	3
9	7	1	5	2	3	8	4	6
5	3	4	8	1	6	7	2	9
3	9	2	7	8	1	4	6	5
4	1	7	6	3	5	9	8	2
6	5	8	9	4	2	3	7	1

30

5	9	3	6	2	1	8	7	4
4	2	6	8	7	9	5	1	3
7	1	8	4	5	3	9	2	6
6	7	9	2	3	4	1	8	5
1	4	2	5	9	8	3	6	7
3	8	5	7	1	6	2	4	9
9	6	7	1	8	5	4	3	2
2	5	1	3	4	7	6	9	8
8	3	4	9	6	2	7	5	1

31

7	9	8	1	4	6	5	2	3
4	5	2	9	3	8	6	1	7
3	6	1	2	7	5	4	9	8
6	8	5	4	2	3	1	7	9
9	2	3	6	1	7	8	4	5
1	7	4	5	8	9	3	6	2
8	1	6	7	5	2	9	3	4
5	4	7	3	9	1	2	8	6
2	3	9	8	6	4	7	5	1

32

3	8	6	1	4	2	9	5	7
5	7	1	6	9	8	4	3	2
4	2	9	5	7	3	6	1	8
2	6	8	3	5	4	1	7	9
7	3	4	2	1	9	5	8	6
1	9	5	7	8	6	2	4	3
6	5	2	4	3	7	8	9	1
9	4	7	8	2	1	3	6	5
8	1	3	9	6	5	7	2	4

33

2	1	6	4	8	5	9	7	3
5	8	3	9	2	7	1	6	4
9	4	7	3	1	6	2	8	5
8	3	2	5	4	1	6	9	7
6	9	4	2	7	8	3	5	1
1	7	5	6	9	3	8	4	2
3	6	9	7	5	2	4	1	8
7	2	8	1	6	4	5	3	9
4	5	1	8	3	9	7	2	6

34

3	2	7	8	4	5	9	6	1
8	9	1	6	7	3	4	2	5
5	4	6	9	1	2	8	7	3
4	8	5	2	6	9	3	1	7
9	6	3	7	5	1	2	4	8
7	1	2	3	8	4	6	5	9
1	5	9	4	2	8	7	3	6
6	3	4	5	9	7	1	8	2
2	7	8	1	3	6	5	9	4

35

4	2	3	5	9	1	7	8	6
9	1	5	8	7	6	2	4	3
7	6	8	4	2	3	5	1	9
5	3	2	1	6	8	4	9	7
8	7	1	3	4	9	6	5	2
6	9	4	7	5	2	1	3	8
1	8	7	2	3	4	9	6	5
2	4	9	6	8	5	3	7	1
3	5	6	9	1	7	8	2	4

36

4	3	6	1	8	2	9	7	5
5	7	9	4	6	3	8	2	1
2	8	1	7	5	9	6	3	4
8	9	7	6	4	1	2	5	3
6	2	4	9	3	5	7	1	8
1	5	3	2	7	8	4	6	9
3	4	5	8	2	7	1	9	6
9	6	2	5	1	4	3	8	7
7	1	8	3	9	6	5	4	2

37

6	8	1	7	2	3	4	5	9
5	4	2	1	9	8	3	7	6
7	9	3	5	4	6	8	1	2
8	2	9	4	1	7	5	6	3
3	1	5	9	6	2	7	8	4
4	7	6	3	8	5	9	2	1
2	6	4	8	7	9	1	3	5
1	5	7	2	3	4	6	9	8
9	3	8	6	5	1	2	4	7

38

3	4	1	6	9	7	2	5	8
8	7	9	2	1	5	3	6	4
6	2	5	4	8	3	9	1	7
1	9	3	5	4	8	6	7	2
4	5	7	1	2	6	8	3	9
2	8	6	7	3	9	5	4	1
9	1	8	3	5	4	7	2	6
7	3	4	8	6	2	1	9	5
5	6	2	9	7	1	4	8	3

39

5	9	6	1	8	2	7	4	3
7	2	4	6	5	3	9	8	1
1	3	8	9	4	7	2	6	5
2	6	7	3	1	9	8	5	4
8	1	3	5	7	4	6	2	9
9	4	5	8	2	6	3	1	7
4	5	2	7	9	8	1	3	6
3	8	9	4	6	1	5	7	2
6	7	1	2	3	5	4	9	8

40

7	3	1	9	6	2	8	4	5
2	9	8	5	4	7	3	1	6
6	5	4	8	3	1	9	2	7
1	4	9	2	5	3	7	6	8
8	6	3	7	1	4	2	5	9
5	7	2	6	9	8	1	3	4
4	1	5	3	7	9	6	8	2
9	8	6	1	2	5	4	7	3
3	2	7	4	8	6	5	9	1

41

2	5	6	3	8	4	9	7	1
8	9	7	1	2	5	6	3	4
3	4	1	6	7	9	8	2	5
5	3	9	2	1	7	4	6	8
7	1	8	4	6	3	5	9	2
6	2	4	5	9	8	7	1	3
4	8	2	9	3	6	1	5	7
1	6	5	7	4	2	3	8	9
9	7	3	8	5	1	2	4	6

42

5	9	6	8	1	4	2	3	7
8	1	7	3	9	2	5	6	4
2	3	4	6	5	7	9	1	8
7	4	1	2	8	6	3	9	5
9	2	3	4	7	5	1	8	6
6	5	8	9	3	1	4	7	2
4	8	2	1	6	3	7	5	9
1	6	5	7	2	9	8	4	3
3	7	9	5	4	8	6	2	1

43

9	3	4	8	1	6	5	2	7
8	5	7	3	4	2	6	1	9
1	6	2	7	9	5	3	8	4
2	8	5	1	6	9	4	7	3
3	1	6	4	2	7	8	9	5
4	7	9	5	3	8	2	6	1
7	4	8	2	5	1	9	3	6
5	9	1	6	8	3	7	4	2
6	2	3	9	7	4	1	5	8

44

2	3	6	4	8	5	1	7	9
4	9	8	3	1	7	2	5	6
1	5	7	9	6	2	4	3	8
7	8	9	5	2	6	3	4	1
3	1	5	8	9	4	7	6	2
6	2	4	1	7	3	8	9	5
9	6	2	7	4	8	5	1	3
5	7	1	2	3	9	6	8	4
8	4	3	6	5	1	9	2	7

45

3	1	5	7	4	9	2	8	6
8	9	2	6	3	1	7	4	5
6	4	7	8	5	2	1	9	3
7	3	1	5	6	8	4	2	9
9	6	4	2	1	7	3	5	8
5	2	8	4	9	3	6	1	7
4	5	9	3	2	6	8	7	1
2	7	3	1	8	5	9	6	4
1	8	6	9	7	4	5	3	2

46

7	5	2	4	9	8	3	6	1
4	8	3	6	7	1	9	5	2
9	6	1	3	5	2	8	7	4
2	4	6	5	3	9	7	1	8
1	9	5	7	8	4	6	2	3
3	7	8	2	1	6	5	4	9
6	2	9	8	4	7	1	3	5
5	1	4	9	6	3	2	8	7
8	3	7	1	2	5	4	9	6

47

1	5	3	8	6	7	4	9	2
6	9	8	2	4	1	5	3	7
7	4	2	9	3	5	8	1	6
5	2	1	7	8	4	3	6	9
3	7	6	5	9	2	1	8	4
4	8	9	6	1	3	7	2	5
8	1	7	4	2	9	6	5	3
9	6	5	3	7	8	2	4	1
2	3	4	1	5	6	9	7	8

48

1	2	6	8	4	9	5	7	3
7	4	8	3	5	1	6	2	9
5	3	9	6	2	7	8	1	4
4	8	2	7	1	3	9	5	6
6	5	1	2	9	4	3	8	7
3	9	7	5	8	6	2	4	1
2	1	4	9	3	8	7	6	5
9	7	5	4	6	2	1	3	8
8	6	3	1	7	5	4	9	2

49

7	6	4	9	3	2	5	1	8
5	3	8	7	1	6	2	9	4
1	9	2	5	8	4	7	6	3
6	7	9	3	5	1	4	8	2
2	8	5	4	6	7	1	3	9
4	1	3	2	9	8	6	7	5
3	4	1	8	7	5	9	2	6
9	5	7	6	2	3	8	4	1
8	2	6	1	4	9	3	5	7

50

6	7	3	4	5	1	9	2	8
2	9	5	7	6	8	4	1	3
4	8	1	2	3	9	6	7	5
1	6	7	3	2	5	8	9	4
9	5	2	8	1	4	7	3	6
3	4	8	9	7	6	1	5	2
7	3	4	1	8	2	5	6	9
5	2	9	6	4	7	3	8	1
8	1	6	5	9	3	2	4	7

51

9	6	5	2	1	4	3	7	8
4	7	2	8	3	5	6	9	1
3	1	8	9	6	7	5	4	2
5	9	1	7	4	2	8	6	3
8	2	7	3	9	6	1	5	4
6	4	3	5	8	1	9	2	7
2	8	4	6	5	3	7	1	9
7	5	9	1	2	8	4	3	6
1	3	6	4	7	9	2	8	5

52

4	9	1	2	5	3	7	8	6
8	7	5	1	6	4	2	9	3
2	6	3	7	8	9	5	4	1
1	5	4	9	7	6	8	3	2
9	2	6	8	3	5	4	1	7
3	8	7	4	1	2	9	6	5
6	1	8	5	4	7	3	2	9
7	3	9	6	2	8	1	5	4
5	4	2	3	9	1	6	7	8

53

6	1	4	3	2	8	7	9	5
2	7	9	5	6	1	4	8	3
5	3	8	4	9	7	1	2	6
1	6	2	9	8	5	3	4	7
4	8	7	6	3	2	9	5	1
9	5	3	1	7	4	2	6	8
3	9	1	2	5	6	8	7	4
7	4	6	8	1	9	5	3	2
8	2	5	7	4	3	6	1	9

54

3	9	7	1	5	6	2	4	8
6	8	5	4	2	7	1	9	3
1	4	2	9	3	8	5	7	6
2	3	8	7	9	1	6	5	4
4	5	9	6	8	3	7	1	2
7	6	1	2	4	5	8	3	9
8	7	4	5	6	9	3	2	1
5	2	6	3	1	4	9	8	7
9	1	3	8	7	2	4	6	5

55

5	9	7	2	6	3	4	8	1
8	6	4	1	9	7	2	5	3
3	2	1	5	8	4	7	9	6
7	4	8	6	5	1	3	2	9
6	1	2	3	7	9	5	4	8
9	3	5	8	4	2	1	6	7
1	8	6	7	2	5	9	3	4
2	7	9	4	3	6	8	1	5
4	5	3	9	1	8	6	7	2

56

8	2	9	7	3	4	6	5	1
3	4	1	2	5	6	8	7	9
6	5	7	9	1	8	4	2	3
1	9	8	4	7	2	5	3	6
5	3	2	6	9	1	7	8	4
7	6	4	5	8	3	1	9	2
2	1	3	8	4	7	9	6	5
4	7	5	3	6	9	2	1	8
9	8	6	1	2	5	3	4	7

57

5	7	1	9	4	3	6	2	8
8	3	2	7	6	1	5	9	4
9	6	4	8	5	2	3	1	7
4	1	9	6	2	5	7	8	3
6	8	5	3	9	7	2	4	1
3	2	7	1	8	4	9	5	6
7	5	8	2	1	6	4	3	9
2	9	3	4	7	8	1	6	5
1	4	6	5	3	9	8	7	2

58

4	8	5	1	7	3	2	9	6
3	7	2	9	6	4	1	5	8
1	6	9	5	8	2	7	3	4
8	9	7	4	3	1	5	6	2
5	1	6	7	2	9	4	8	3
2	4	3	6	5	8	9	1	7
6	2	4	8	9	5	3	7	1
7	5	1	3	4	6	8	2	9
9	3	8	2	1	7	6	4	5

59

6	5	2	7	1	9	3	8	4
1	4	3	5	8	2	7	6	9
7	9	8	6	4	3	1	2	5
4	2	9	1	3	7	8	5	6
8	7	6	2	9	5	4	1	3
3	1	5	4	6	8	2	9	7
2	8	7	3	5	6	9	4	1
5	3	1	9	2	4	6	7	8
9	6	4	8	7	1	5	3	2

60

1	6	3	7	8	9	4	5	2
2	9	7	4	6	5	1	8	3
5	8	4	3	1	2	7	6	9
4	2	6	9	7	1	8	3	5
3	7	5	8	4	6	2	9	1
9	1	8	2	5	3	6	7	4
7	5	2	6	9	4	3	1	8
8	3	9	1	2	7	5	4	6
6	4	1	5	3	8	9	2	7

61

5	1	4	7	2	9	3	8	6
7	6	9	3	4	8	1	5	2
3	8	2	1	6	5	9	7	4
4	2	3	8	7	1	5	6	9
6	7	5	9	3	2	4	1	8
1	9	8	6	5	4	2	3	7
8	3	1	4	9	6	7	2	5
9	5	6	2	1	7	8	4	3
2	4	7	5	8	3	6	9	1

62

9	8	1	2	4	7	6	5	3
5	4	6	9	8	3	2	7	1
7	2	3	6	1	5	4	9	8
8	1	5	3	7	2	9	4	6
6	9	7	4	5	8	1	3	2
4	3	2	1	6	9	5	8	7
3	7	9	5	2	1	8	6	4
1	5	4	8	3	6	7	2	9
2	6	8	7	9	4	3	1	5

63

6	4	2	5	8	1	3	7	9
1	3	9	4	7	2	8	5	6
5	7	8	3	6	9	4	2	1
3	1	5	7	4	8	9	6	2
7	9	6	2	5	3	1	4	8
8	2	4	1	9	6	5	3	7
2	6	3	8	1	4	7	9	5
4	5	1	9	2	7	6	8	3
9	8	7	6	3	5	2	1	4

64

4	7	2	1	5	3	8	6	9
9	8	3	4	6	7	1	2	5
5	1	6	8	2	9	4	7	3
1	5	7	6	9	8	3	4	2
2	6	9	7	3	4	5	1	8
3	4	8	5	1	2	6	9	7
7	3	5	9	4	6	2	8	1
8	2	4	3	7	1	9	5	6
6	9	1	2	8	5	7	3	4

65

8	3	4	6	7	1	2	5	9
9	7	1	2	3	5	4	6	8
2	5	6	4	9	8	3	1	7
7	6	2	1	8	9	5	4	3
4	8	5	3	2	7	1	9	6
1	9	3	5	4	6	8	7	2
6	1	8	7	5	2	9	3	4
5	4	9	8	6	3	7	2	1
3	2	7	9	1	4	6	8	5

66

4	3	2	7	1	8	9	6	5
9	8	5	2	3	6	7	1	4
6	1	7	9	5	4	8	3	2
8	7	4	3	6	1	5	2	9
1	6	9	5	4	2	3	7	8
2	5	3	8	9	7	6	4	1
3	4	8	6	2	5	1	9	7
5	2	6	1	7	9	4	8	3
7	9	1	4	8	3	2	5	6

67

8	4	7	9	6	1	5	3	2
6	1	9	3	2	5	7	4	8
5	3	2	7	8	4	1	9	6
1	9	3	4	7	6	8	2	5
7	5	4	2	9	8	3	6	1
2	6	8	1	5	3	9	7	4
4	2	1	8	3	7	6	5	9
9	7	5	6	1	2	4	8	3
3	8	6	5	4	9	2	1	7

68

8	9	4	3	2	1	7	5	6
6	2	1	4	7	5	3	8	9
5	7	3	6	9	8	2	1	4
2	5	8	7	6	3	9	4	1
9	3	7	5	1	4	8	6	2
1	4	6	9	8	2	5	3	7
3	1	5	2	4	9	6	7	8
7	8	2	1	5	6	4	9	3
4	6	9	8	3	7	1	2	5

69

1	5	4	7	8	6	2	9	3
2	9	7	4	3	1	6	5	8
8	3	6	9	2	5	7	1	4
4	2	8	1	7	9	3	6	5
6	7	3	2	5	8	9	4	1
9	1	5	3	6	4	8	2	7
3	6	2	5	4	7	1	8	9
7	4	9	8	1	2	5	3	6
5	8	1	6	9	3	4	7	2

70

3	6	1	8	7	5	2	9	4
5	9	4	2	1	3	7	8	6
2	8	7	6	9	4	3	5	1
9	4	8	5	2	1	6	7	3
7	1	5	4	3	6	8	2	9
6	2	3	9	8	7	4	1	5
8	3	9	1	4	2	5	6	7
1	7	6	3	5	8	9	4	2
4	5	2	7	6	9	1	3	8

71

8	3	4	9	1	5	7	2	6
6	7	2	3	8	4	5	1	9
1	9	5	2	7	6	4	3	8
4	2	9	1	5	8	6	7	3
5	8	6	7	3	9	1	4	2
3	1	7	4	6	2	8	9	5
9	4	8	6	2	7	3	5	1
7	6	3	5	9	1	2	8	4
2	5	1	8	4	3	9	6	7

72

5	7	2	3	6	4	8	1	9
9	8	6	2	7	1	4	3	5
3	4	1	8	5	9	2	7	6
1	5	7	4	8	2	9	6	3
8	2	9	5	3	6	7	4	1
4	6	3	9	1	7	5	8	2
7	3	4	1	9	5	6	2	8
2	1	5	6	4	8	3	9	7
6	9	8	7	2	3	1	5	4

73

8	9	1	3	7	5	2	4	6
7	3	6	2	4	1	8	9	5
2	5	4	8	6	9	7	1	3
4	7	9	1	8	6	3	5	2
1	6	5	4	3	2	9	7	8
3	8	2	5	9	7	4	6	1
9	2	7	6	1	3	5	8	4
5	1	8	9	2	4	6	3	7
6	4	3	7	5	8	1	2	9

74

2	3	8	1	7	5	6	4	9
9	4	6	3	8	2	7	5	1
7	1	5	9	6	4	3	8	2
1	9	3	5	2	8	4	6	7
8	6	4	7	3	9	1	2	5
5	7	2	6	4	1	9	3	8
3	8	7	2	9	6	5	1	4
4	5	9	8	1	3	2	7	6
6	2	1	4	5	7	8	9	3

75

9	5	7	8	4	2	1	3	6
2	8	6	5	3	1	7	4	9
1	3	4	7	9	6	8	5	2
5	7	3	2	8	4	9	6	1
4	6	2	1	7	9	5	8	3
8	9	1	3	6	5	4	2	7
6	2	5	9	1	8	3	7	4
7	1	8	4	2	3	6	9	5
3	4	9	6	5	7	2	1	8

76

8	5	7	6	1	9	3	4	2
1	3	2	5	4	7	6	9	8
4	6	9	2	3	8	1	5	7
9	7	4	1	6	3	8	2	5
6	8	3	9	2	5	4	7	1
5	2	1	8	7	4	9	3	6
3	4	5	7	8	1	2	6	9
7	1	6	4	9	2	5	8	3
2	9	8	3	5	6	7	1	4

77

8	4	9	2	1	5	3	7	6
5	6	2	8	3	7	4	1	9
1	3	7	6	4	9	2	8	5
9	2	6	4	5	1	8	3	7
3	7	1	9	8	6	5	4	2
4	5	8	7	2	3	6	9	1
7	1	3	5	6	4	9	2	8
6	8	4	1	9	2	7	5	3
2	9	5	3	7	8	1	6	4

78

3	8	4	1	9	5	2	7	6
9	2	7	3	6	4	8	5	1
1	6	5	7	2	8	3	4	9
7	3	8	6	5	1	4	9	2
2	1	6	4	7	9	5	3	8
4	5	9	2	8	3	6	1	7
6	4	1	9	3	2	7	8	5
8	7	3	5	1	6	9	2	4
5	9	2	8	4	7	1	6	3

79

9	8	4	1	2	6	7	3	5
6	5	2	3	4	7	8	9	1
1	7	3	9	5	8	6	2	4
5	9	1	6	7	2	4	8	3
8	4	6	5	1	3	9	7	2
3	2	7	8	9	4	1	5	6
7	1	9	2	6	5	3	4	8
2	6	8	4	3	9	5	1	7
4	3	5	7	8	1	2	6	9

80

9	2	8	6	3	7	5	1	4
7	1	3	4	9	5	6	2	8
6	5	4	2	1	8	7	9	3
2	3	1	9	5	4	8	6	7
4	8	6	1	7	3	9	5	2
5	7	9	8	2	6	4	3	1
3	9	5	7	4	2	1	8	6
8	4	2	5	6	1	3	7	9
1	6	7	3	8	9	2	4	5

81

4	3	6	9	7	1	5	8	2
9	2	5	3	8	6	4	1	7
7	8	1	2	5	4	9	6	3
2	4	7	5	1	3	6	9	8
5	9	8	4	6	2	3	7	1
6	1	3	7	9	8	2	5	4
8	7	4	6	3	9	1	2	5
3	5	9	1	2	7	8	4	6
1	6	2	8	4	5	7	3	9

82

4	5	2	8	1	3	6	7	9
7	9	8	4	5	6	1	3	2
3	1	6	2	9	7	4	5	8
5	2	9	3	7	4	8	6	1
1	8	4	6	2	5	3	9	7
6	7	3	9	8	1	2	4	5
8	6	1	7	3	9	5	2	4
9	4	5	1	6	2	7	8	3
2	3	7	5	4	8	9	1	6

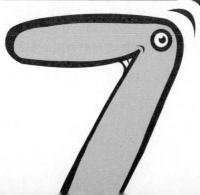

83

2	4	3	6	9	8	7	1	5
8	7	9	2	1	5	6	4	3
1	5	6	4	3	7	8	2	9
5	3	2	1	8	4	9	6	7
6	8	7	9	5	2	1	3	4
4	9	1	3	7	6	5	8	2
3	1	4	7	6	9	2	5	8
9	6	5	8	2	3	4	7	1
7	2	8	5	4	1	3	9	6

84

9	3	7	4	8	2	6	1	5
6	2	8	5	7	1	3	9	4
5	4	1	9	3	6	8	2	7
8	7	6	3	1	9	4	5	2
4	9	2	7	6	5	1	3	8
3	1	5	8	2	4	9	7	6
7	8	9	6	5	3	2	4	1
1	5	4	2	9	8	7	6	3
2	6	3	1	4	7	5	8	9

85

5	8	4	1	7	3	6	2	9
1	2	6	8	9	4	5	3	7
9	7	3	2	5	6	1	8	4
6	3	1	4	2	7	8	9	5
7	4	8	9	3	5	2	6	1
2	5	9	6	1	8	7	4	3
8	9	2	5	4	1	3	7	6
3	6	5	7	8	9	4	1	2
4	1	7	3	6	2	9	5	8

86

2	8	6	1	5	4	3	7	9
4	1	9	3	2	7	5	8	6
3	5	7	8	9	6	4	1	2
8	3	2	4	7	5	9	6	1
1	6	4	9	8	3	2	5	7
9	7	5	6	1	2	8	4	3
7	4	1	5	3	9	6	2	8
6	2	3	7	4	8	1	9	5
5	9	8	2	6	1	7	3	4

87

6	3	5	2	1	4	9	8	7
8	9	4	3	7	5	2	1	6
2	1	7	9	6	8	5	4	3
5	8	1	6	3	7	4	9	2
4	6	3	8	2	9	7	5	1
7	2	9	5	4	1	3	6	8
3	4	8	1	5	2	6	7	9
9	5	6	7	8	3	1	2	4
1	7	2	4	9	6	8	3	5

88

6	3	1	5	4	7	2	9	8
7	2	5	6	8	9	3	4	1
9	4	8	2	3	1	6	5	7
3	5	7	9	2	6	1	8	4
8	1	2	3	5	4	7	6	9
4	9	6	7	1	8	5	2	3
1	8	3	4	6	2	9	7	5
2	7	4	1	9	5	8	3	6
5	6	9	8	7	3	4	1	2

89

2	1	5	3	7	9	6	4	8
7	8	3	5	4	6	9	1	2
9	4	6	2	1	8	7	5	3
5	6	9	7	8	1	2	3	4
4	3	2	6	9	5	8	7	1
1	7	8	4	2	3	5	9	6
3	2	4	8	5	7	1	6	9
8	9	7	1	6	4	3	2	5
6	5	1	9	3	2	4	8	7

90

4	8	7	9	1	2	6	3	5
1	3	5	6	4	7	8	9	2
9	2	6	3	8	5	7	4	1
3	6	2	4	7	9	1	5	8
8	5	9	1	3	6	2	7	4
7	1	4	5	2	8	3	6	9
5	7	8	2	9	3	4	1	6
2	9	1	7	6	4	5	8	3
6	4	3	8	5	1	9	2	7

91

6	9	7	8	5	2	3	4	1
8	2	4	3	1	9	7	5	6
3	5	1	6	4	7	9	2	8
7	1	6	4	2	5	8	3	9
5	4	8	7	9	3	1	6	2
2	3	9	1	8	6	5	7	4
1	6	3	9	7	4	2	8	5
9	7	5	2	6	8	4	1	3
4	8	2	5	3	1	6	9	7

92

8	6	5	7	2	3	4	9	1
2	1	4	5	6	9	7	3	8
3	9	7	1	4	8	5	2	6
7	2	1	8	3	5	6	4	9
5	4	8	6	9	2	1	7	3
9	3	6	4	7	1	2	8	5
6	5	9	2	8	7	3	1	4
4	8	2	3	1	6	9	5	7
1	7	3	9	5	4	8	6	2

93

4	9	1	3	7	8	2	6	5
6	2	3	5	9	1	8	4	7
7	8	5	2	4	6	9	1	3
8	7	6	9	2	5	1	3	4
2	3	9	6	1	4	7	5	8
1	5	4	8	3	7	6	2	9
9	4	8	1	6	3	5	7	2
5	6	7	4	8	2	3	9	1
3	1	2	7	5	9	4	8	6

94

5	9	2	3	8	7	1	6	4
1	8	4	9	6	5	3	7	2
3	7	6	1	4	2	5	9	8
7	1	3	4	2	6	8	5	9
2	6	9	5	3	8	4	1	7
4	5	8	7	1	9	2	3	6
9	2	7	8	5	3	6	4	1
6	3	1	2	7	4	9	8	5
8	4	5	6	9	1	7	2	3

95

7	8	5	1	2	3	6	4	9
6	4	2	7	8	9	5	3	1
9	3	1	6	4	5	8	7	2
1	9	7	3	6	2	4	8	5
3	5	4	8	7	1	2	9	6
8	2	6	9	5	4	7	1	3
5	1	8	4	3	6	9	2	7
2	7	9	5	1	8	3	6	4
4	6	3	2	9	7	1	5	8

96

6	3	4	8	1	5	7	2	9
7	5	1	3	9	2	6	4	8
9	2	8	7	4	6	1	3	5
1	8	9	2	3	4	5	7	6
2	7	6	5	8	9	3	1	4
3	4	5	6	7	1	9	8	2
5	6	7	4	2	3	8	9	1
4	1	3	9	6	8	2	5	7
8	9	2	1	5	7	4	6	3

97

5	2	4	1	8	6	7	3	9
8	7	9	4	2	3	6	1	5
1	6	3	5	9	7	2	8	4
4	8	7	9	5	1	3	2	6
3	1	5	2	6	4	8	9	7
2	9	6	7	3	8	5	4	1
9	4	8	6	7	2	1	5	3
6	3	1	8	4	5	9	7	2
7	5	2	3	1	9	4	6	8

98

4	5	6	7	2	3	8	1	9
3	7	1	9	5	8	4	6	2
8	2	9	6	4	1	5	7	3
1	8	2	3	6	4	9	5	7
6	9	7	2	1	5	3	8	4
5	3	4	8	9	7	1	2	6
9	4	8	1	7	6	2	3	5
7	1	5	4	3	2	6	9	8
2	6	3	5	8	9	7	4	1

99

4	9	8	1	6	7	2	5	3
2	1	5	8	3	9	4	6	7
7	3	6	4	5	2	9	1	8
6	8	1	2	7	4	5	3	9
9	4	7	3	8	5	6	2	1
5	2	3	9	1	6	7	8	4
1	5	9	6	4	3	8	7	2
3	6	2	7	9	8	1	4	5
8	7	4	5	2	1	3	9	6

100

5	2	9	3	1	7	8	6	4
3	7	4	2	8	6	5	9	1
1	6	8	5	4	9	7	2	3
4	1	2	7	6	5	3	8	9
9	8	7	4	2	3	6	1	5
6	5	3	1	9	8	4	7	2
8	4	1	6	5	2	9	3	7
2	3	6	9	7	4	1	5	8
7	9	5	8	3	1	2	4	6

101

8	7	4	5	9	6	2	3	1
3	2	6	1	8	4	5	9	7
9	5	1	3	2	7	8	4	6
6	8	9	4	3	2	1	7	5
1	4	2	7	5	9	3	6	8
7	3	5	8	6	1	4	2	9
5	6	3	9	4	8	7	1	2
4	9	7	2	1	5	6	8	3
2	1	8	6	7	3	9	5	4

102

5	9	8	3	7	4	2	1	6
4	7	6	2	1	9	3	5	8
3	1	2	5	8	6	4	7	9
6	4	9	1	5	7	8	3	2
7	3	5	4	2	8	9	6	1
8	2	1	9	6	3	7	4	5
9	5	3	6	4	2	1	8	7
2	6	7	8	3	1	5	9	4
1	8	4	7	9	5	6	2	3

103

4	6	1	8	5	7	3	9	2
7	8	2	3	9	6	5	4	1
3	5	9	1	4	2	6	8	7
9	3	8	6	1	5	2	7	4
1	7	6	2	3	4	8	5	9
2	4	5	9	7	8	1	6	3
8	2	4	7	6	3	9	1	5
6	1	7	5	2	9	4	3	8
5	9	3	4	8	1	7	2	6

104

4	5	6	3	9	8	2	7	1
2	7	9	1	4	6	3	8	5
8	3	1	7	5	2	9	6	4
1	6	4	5	2	3	7	9	8
5	8	7	6	1	9	4	3	2
3	9	2	8	7	4	1	5	6
7	2	8	9	6	1	5	4	3
6	4	5	2	3	7	8	1	9
9	1	3	4	8	5	6	2	7

105

6	5	8	7	2	1	9	4	3
2	7	4	3	6	9	5	8	1
1	9	3	5	8	4	6	7	2
5	3	7	8	1	6	2	9	4
8	4	6	2	9	5	3	1	7
9	1	2	4	3	7	8	5	6
7	8	9	6	4	2	1	3	5
3	6	5	1	7	8	4	2	9
4	2	1	9	5	3	7	6	8

106

6	2	9	7	8	3	5	4	1
8	4	7	1	5	6	9	2	3
5	3	1	4	9	2	7	6	8
9	7	5	3	4	8	6	1	2
3	1	8	6	2	7	4	9	5
2	6	4	5	1	9	3	8	7
1	9	3	8	6	5	2	7	4
7	8	2	9	3	4	1	5	6
4	5	6	2	7	1	8	3	9

107

3	6	9	7	4	1	5	2	8
1	7	4	5	2	8	3	6	9
8	2	5	3	9	6	1	4	7
2	3	7	9	1	4	6	8	5
4	1	8	6	3	5	9	7	2
9	5	6	8	7	2	4	3	1
6	4	1	2	5	7	8	9	3
7	8	3	1	6	9	2	5	4
5	9	2	4	8	3	7	1	6

108

2	6	5	9	4	7	8	1	3
1	9	7	3	8	6	2	4	5
8	4	3	1	2	5	6	7	9
4	2	6	5	7	1	3	9	8
5	3	8	4	9	2	7	6	1
9	7	1	8	6	3	4	5	2
3	5	4	6	1	8	9	2	7
6	8	2	7	5	9	1	3	4
7	1	9	2	3	4	5	8	6

109

3	5	1	6	8	9	7	4	2
9	2	7	5	4	3	1	6	8
8	6	4	2	7	1	9	5	3
5	7	3	8	2	4	6	1	9
2	1	6	9	3	5	8	7	4
4	9	8	7	1	6	2	3	5
6	8	5	4	9	7	3	2	1
1	4	2	3	6	8	5	9	7
7	3	9	1	5	2	4	8	6

110

6	1	5	3	7	8	9	2	4
3	4	7	9	2	1	6	8	5
2	8	9	6	5	4	3	1	7
7	6	2	1	4	3	5	9	8
4	9	3	5	8	6	2	7	1
1	5	8	7	9	2	4	6	3
8	7	4	2	6	5	1	3	9
9	2	1	4	3	7	8	5	6
5	3	6	8	1	9	7	4	2

Tricky solutions

111

4	8	9	1	5	7	6	3	2
2	1	7	8	6	3	9	4	5
5	6	3	9	2	4	1	8	7
9	4	5	3	7	8	2	6	1
6	3	8	2	1	9	7	5	4
7	2	1	6	4	5	8	9	3
1	5	2	4	8	6	3	7	9
3	7	6	5	9	2	4	1	8
8	9	4	7	3	1	5	2	6

112

5	8	9	7	2	1	3	4	6
6	1	3	4	8	5	7	2	9
7	4	2	6	3	9	5	8	1
2	7	8	5	4	6	1	9	3
3	6	1	9	7	8	4	5	2
4	9	5	3	1	2	8	6	7
1	2	4	8	9	7	6	3	5
9	3	6	1	5	4	2	7	8
8	5	7	2	6	3	9	1	4

113

6	3	4	8	9	2	5	7	1
2	1	7	4	3	5	6	8	9
8	9	5	7	6	1	4	2	3
5	4	2	1	7	9	3	6	8
3	7	9	6	5	8	2	1	4
1	8	6	3	2	4	7	9	5
4	2	3	9	1	6	8	5	7
9	5	8	2	4	7	1	3	6
7	6	1	5	8	3	9	4	2

114

7	9	1	3	2	5	4	6	8
4	8	3	1	9	6	7	5	2
2	6	5	7	8	4	1	9	3
8	3	4	5	1	2	6	7	9
1	2	9	6	4	7	3	8	5
5	7	6	8	3	9	2	1	4
9	1	8	2	6	3	5	4	7
6	5	2	4	7	8	9	3	1
3	4	7	9	5	1	8	2	6

115

1	6	7	8	2	4	5	9	3
2	8	5	3	9	1	6	4	7
3	9	4	7	6	5	2	8	1
9	7	1	5	4	2	8	3	6
6	5	8	9	7	3	1	2	4
4	2	3	1	8	6	9	7	5
5	1	2	4	3	8	7	6	9
7	3	6	2	1	9	4	5	8
8	4	9	6	5	7	3	1	2

116

1	2	3	4	7	8	6	9	5
6	8	7	9	5	2	1	3	4
5	4	9	6	3	1	7	8	2
3	6	4	2	8	7	9	5	1
9	1	8	3	4	5	2	7	6
7	5	2	1	6	9	3	4	8
8	9	1	7	2	4	5	6	3
4	7	6	5	1	3	8	2	9
2	3	5	8	9	6	4	1	7

117

8	9	6	7	4	3	5	2	1
7	5	2	9	1	8	6	4	3
4	3	1	2	6	5	9	7	8
5	7	4	8	3	6	1	9	2
3	1	8	5	9	2	7	6	4
6	2	9	1	7	4	3	8	5
2	6	3	4	5	9	8	1	7
1	8	5	6	2	7	4	3	9
9	4	7	3	8	1	2	5	6

118

3	8	9	4	6	2	7	5	1
2	4	7	1	8	5	3	6	9
5	1	6	9	3	7	8	2	4
6	3	1	5	2	8	9	4	7
9	2	5	7	4	3	1	8	6
8	7	4	6	9	1	2	3	5
1	9	2	8	5	6	4	7	3
7	6	3	2	1	4	5	9	8
4	5	8	3	7	9	6	1	2

119

4	9	7	2	5	3	1	8	6
2	8	6	1	7	4	3	9	5
5	1	3	9	8	6	2	7	4
1	3	8	6	4	7	5	2	9
7	4	2	8	9	5	6	1	3
6	5	9	3	1	2	8	4	7
8	6	5	7	2	9	4	3	1
3	7	1	4	6	8	9	5	2
9	2	4	5	3	1	7	6	8

120

6	2	9	8	5	3	7	1	4
3	4	8	7	1	2	9	6	5
5	1	7	4	6	9	8	3	2
2	8	3	9	7	1	4	5	6
4	7	5	3	8	6	2	9	1
9	6	1	5	2	4	3	8	7
1	3	4	2	9	5	6	7	8
7	5	2	6	3	8	1	4	9
8	9	6	1	4	7	5	2	3

121

8	7	9	2	3	4	6	1	5
1	4	3	8	6	5	9	7	2
6	5	2	1	7	9	4	8	3
5	1	4	7	2	3	8	6	9
7	3	6	5	9	8	1	2	4
2	9	8	4	1	6	5	3	7
4	2	5	6	8	7	3	9	1
3	8	1	9	5	2	7	4	6
9	6	7	3	4	1	2	5	8

122

5	4	6	2	8	9	7	1	3
3	2	7	4	5	1	6	8	9
9	1	8	7	3	6	5	2	4
4	8	1	5	6	7	9	3	2
6	3	9	1	2	4	8	7	5
7	5	2	3	9	8	1	4	6
2	6	3	8	7	5	4	9	1
1	7	5	9	4	2	3	6	8
8	9	4	6	1	3	2	5	7

123

1	6	5	8	3	2	4	7	9
3	8	7	9	4	1	6	2	5
4	2	9	6	7	5	8	1	3
2	7	1	4	9	6	3	5	8
8	4	3	1	5	7	2	9	6
9	5	6	2	8	3	7	4	1
6	1	4	3	2	9	5	8	7
5	9	2	7	6	8	1	3	4
7	3	8	5	1	4	9	6	2

124

1	2	8	6	5	4	3	9	7
6	4	9	3	8	7	5	2	1
3	7	5	1	9	2	4	8	6
5	3	1	9	4	6	8	7	2
7	6	2	8	3	1	9	4	5
8	9	4	7	2	5	6	1	3
9	1	6	5	7	8	2	3	4
4	5	3	2	1	9	7	6	8
2	8	7	4	6	3	1	5	9

125

8	9	3	5	4	1	2	7	6
2	7	5	8	9	6	1	4	3
1	6	4	7	3	2	9	5	8
5	4	7	3	2	8	6	9	1
9	2	1	6	5	7	3	8	4
3	8	6	4	1	9	5	2	7
4	5	2	1	7	3	8	6	9
6	1	9	2	8	4	7	3	5
7	3	8	9	6	5	4	1	2

126

3	6	4	1	8	2	5	9	7
9	7	8	3	6	5	4	2	1
2	1	5	9	7	4	8	3	6
4	9	3	8	2	6	1	7	5
6	2	1	7	5	3	9	8	4
8	5	7	4	9	1	3	6	2
7	8	6	5	4	9	2	1	3
1	4	9	2	3	7	6	5	8
5	3	2	6	1	8	7	4	9

127

5	6	7	4	8	9	1	3	2
2	8	9	1	3	5	7	6	4
3	1	4	7	6	2	9	5	8
1	3	6	9	4	8	2	7	5
9	7	5	6	2	1	8	4	3
4	2	8	3	5	7	6	1	9
6	9	2	5	1	4	3	8	7
7	4	3	8	9	6	5	2	1
8	5	1	2	7	3	4	9	6

128

5	9	2	3	4	1	7	6	8
6	3	4	2	8	7	5	9	1
1	7	8	6	9	5	2	3	4
7	8	5	1	2	3	6	4	9
3	4	1	9	5	6	8	2	7
9	2	6	4	7	8	1	5	3
2	5	7	8	3	9	4	1	6
8	1	9	5	6	4	3	7	2
4	6	3	7	1	2	9	8	5

129

1	9	5	8	2	3	4	7	6
6	8	3	9	7	4	2	1	5
4	2	7	6	1	5	9	3	8
3	1	8	5	6	9	7	2	4
5	7	4	2	3	1	6	8	9
9	6	2	4	8	7	3	5	1
8	4	6	7	5	2	1	9	3
7	5	1	3	9	6	8	4	2
2	3	9	1	4	8	5	6	7

130

2	6	9	5	4	7	1	8	3
1	8	7	3	6	9	2	5	4
5	4	3	1	8	2	7	6	9
3	1	5	4	9	8	6	7	2
9	7	8	2	3	6	4	1	5
6	2	4	7	1	5	3	9	8
8	3	1	9	7	4	5	2	6
4	9	2	6	5	1	8	3	7
7	5	6	8	2	3	9	4	1

131

2	6	5	8	1	3	9	7	4
7	8	3	6	9	4	5	2	1
1	9	4	7	2	5	6	3	8
8	5	2	3	4	1	7	6	9
6	3	9	5	7	8	1	4	2
4	7	1	9	6	2	8	5	3
9	4	6	2	8	7	3	1	5
3	2	8	1	5	6	4	9	7
5	1	7	4	3	9	2	8	6

132

4	1	8	9	2	6	3	5	7
3	6	5	8	1	7	2	9	4
9	7	2	3	4	5	8	6	1
5	3	6	4	8	2	1	7	9
2	9	4	6	7	1	5	3	8
7	8	1	5	9	3	6	4	2
1	2	3	7	6	4	9	8	5
8	5	7	1	3	9	4	2	6
6	4	9	2	5	8	7	1	3

133

8	4	1	6	2	9	7	5	3
6	2	3	7	8	5	4	1	9
5	7	9	1	3	4	6	2	8
2	9	5	4	7	8	3	6	1
3	8	7	5	1	6	9	4	2
4	1	6	2	9	3	5	8	7
7	5	8	3	4	1	2	9	6
1	3	4	9	6	2	8	7	5
9	6	2	8	5	7	1	3	4

134

1	6	9	4	2	5	7	3	8
7	8	4	3	9	1	6	2	5
2	3	5	7	8	6	4	1	9
9	4	7	8	1	2	5	6	3
5	1	6	9	7	3	8	4	2
8	2	3	5	6	4	1	9	7
4	7	8	6	3	9	2	5	1
3	5	1	2	4	8	9	7	6
6	9	2	1	5	7	3	8	4

135

8	4	7	1	5	6	9	2	3
5	9	6	7	3	2	8	4	1
3	1	2	4	8	9	7	6	5
7	6	3	5	2	8	1	9	4
9	2	1	3	4	7	6	5	8
4	8	5	6	9	1	2	3	7
2	5	9	8	1	4	3	7	6
6	3	8	9	7	5	4	1	2
1	7	4	2	6	3	5	8	9

136

9	8	7	6	2	5	3	1	4
2	5	4	3	9	1	7	6	8
3	6	1	7	4	8	5	9	2
6	7	2	8	1	3	9	4	5
4	3	8	5	7	9	1	2	6
1	9	5	4	6	2	8	7	3
8	2	9	1	5	6	4	3	7
7	1	3	2	8	4	6	5	9
5	4	6	9	3	7	2	8	1

137

6	9	7	3	8	5	1	2	4
8	2	5	6	1	4	9	7	3
1	3	4	7	9	2	8	6	5
3	5	1	8	6	7	4	9	2
4	6	9	1	2	3	5	8	7
2	7	8	5	4	9	6	3	1
9	1	2	4	3	6	7	5	8
7	4	6	2	5	8	3	1	9
5	8	3	9	7	1	2	4	6

138

9	6	7	2	5	8	4	3	1
3	2	4	9	1	6	8	7	5
8	1	5	3	7	4	6	2	9
2	3	6	1	8	7	9	5	4
7	4	8	5	3	9	2	1	6
5	9	1	4	6	2	3	8	7
1	5	9	6	2	3	7	4	8
6	7	3	8	4	5	1	9	2
4	8	2	7	9	1	5	6	3

139

4	5	7	8	3	2	6	9	1
9	2	8	1	6	7	4	3	5
6	3	1	5	9	4	8	7	2
5	6	4	2	7	8	9	1	3
3	7	2	9	1	6	5	8	4
8	1	9	4	5	3	7	2	6
2	9	6	3	8	5	1	4	7
1	4	5	7	2	9	3	6	8
7	8	3	6	4	1	2	5	9

140

1	7	8	3	6	5	4	2	9
6	2	3	1	9	4	8	5	7
4	9	5	8	7	2	3	6	1
5	6	2	9	4	7	1	3	8
8	3	4	2	1	6	7	9	5
7	1	9	5	3	8	2	4	6
2	8	6	7	5	3	9	1	4
3	4	1	6	8	9	5	7	2
9	5	7	4	2	1	6	8	3

141

9	7	4	5	8	3	6	2	1
3	5	2	6	1	9	4	7	8
8	6	1	2	4	7	3	9	5
2	1	8	7	9	4	5	6	3
6	4	5	3	2	8	7	1	9
7	9	3	1	5	6	8	4	2
1	8	7	4	3	2	9	5	6
5	3	6	9	7	1	2	8	4
4	2	9	8	6	5	1	3	7

142

8	7	2	1	5	6	3	4	9
5	1	6	3	9	4	7	8	2
4	9	3	2	8	7	1	6	5
1	3	7	5	6	8	2	9	4
2	6	4	9	3	1	8	5	7
9	8	5	7	4	2	6	1	3
7	2	8	4	1	9	5	3	6
3	4	1	6	7	5	9	2	8
6	5	9	8	2	3	4	7	1

143

4	2	1	5	3	7	8	6	9
6	7	9	1	8	2	3	5	4
8	5	3	6	9	4	2	7	1
7	9	2	8	4	5	6	1	3
1	3	8	9	7	6	5	4	2
5	4	6	3	2	1	7	9	8
9	1	5	2	6	3	4	8	7
3	8	4	7	5	9	1	2	6
2	6	7	4	1	8	9	3	5

144

2	3	1	8	7	5	4	9	6
4	8	6	9	1	3	2	5	7
9	7	5	4	2	6	1	8	3
8	1	7	5	3	9	6	4	2
6	9	2	1	4	8	7	3	5
3	5	4	2	6	7	9	1	8
7	4	3	6	8	1	5	2	9
5	2	8	7	9	4	3	6	1
1	6	9	3	5	2	8	7	4

145

6	1	3	4	9	2	7	8	5
2	7	5	3	6	8	9	1	4
9	4	8	7	1	5	3	2	6
3	5	2	6	8	4	1	9	7
4	8	6	9	7	1	2	5	3
7	9	1	5	2	3	4	6	8
1	2	7	8	3	6	5	4	9
5	6	9	2	4	7	8	3	1
8	3	4	1	5	9	6	7	2

146

3	6	8	7	9	5	1	2	4
7	2	1	6	4	8	9	3	5
5	9	4	3	1	2	8	7	6
2	5	6	8	7	4	3	9	1
8	4	3	1	2	9	5	6	7
1	7	9	5	6	3	4	8	2
4	8	5	2	3	7	6	1	9
9	1	2	4	8	6	7	5	3
6	3	7	9	5	1	2	4	8

147

5	4	6	3	2	8	7	9	1
9	8	7	1	6	4	2	3	5
1	3	2	9	5	7	4	8	6
3	7	5	4	9	6	1	2	8
4	1	8	2	7	5	9	6	3
2	6	9	8	3	1	5	4	7
8	2	1	5	4	3	6	7	9
6	5	4	7	8	9	3	1	2
7	9	3	6	1	2	8	5	4

148

3	4	7	8	2	6	9	5	1
1	2	9	5	4	3	7	8	6
6	5	8	7	1	9	3	2	4
7	3	2	9	5	1	4	6	8
9	6	1	4	8	7	2	3	5
5	8	4	3	6	2	1	9	7
8	1	5	2	3	4	6	7	9
4	9	3	6	7	5	8	1	2
2	7	6	1	9	8	5	4	3

149

8	1	3	2	7	9	6	5	4
5	7	9	6	3	4	1	8	2
2	6	4	5	8	1	3	7	9
3	9	5	7	1	2	8	4	6
6	4	1	8	5	3	2	9	7
7	2	8	4	9	6	5	3	1
4	8	2	9	6	5	7	1	3
9	3	7	1	2	8	4	6	5
1	5	6	3	4	7	9	2	8

150

3	6	7	9	8	5	1	2	4
1	9	2	6	4	3	5	7	8
8	5	4	2	1	7	9	3	6
7	3	6	5	2	8	4	9	1
5	1	8	4	7	9	3	6	2
2	4	9	1	3	6	8	5	7
9	2	5	8	6	1	7	4	3
6	7	1	3	5	4	2	8	9
4	8	3	7	9	2	6	1	5

151

5	3	7	9	8	6	1	4	2
4	9	2	7	5	1	8	6	3
1	6	8	2	4	3	9	5	7
7	1	6	8	2	5	4	3	9
2	8	3	6	9	4	7	1	5
9	5	4	3	1	7	2	8	6
3	2	5	1	7	8	6	9	4
6	7	1	4	3	9	5	2	8
8	4	9	5	6	2	3	7	1

152

3	4	6	1	9	2	7	8	5
9	7	8	3	6	5	2	4	1
5	1	2	8	4	7	9	3	6
1	8	9	5	7	4	3	6	2
6	5	3	9	2	1	4	7	8
7	2	4	6	8	3	5	1	9
4	6	5	7	1	9	8	2	3
8	3	7	2	5	6	1	9	4
2	9	1	4	3	8	6	5	7

153

9	8	1	3	7	5	4	6	2
3	7	6	4	8	2	9	5	1
2	5	4	6	1	9	7	8	3
5	6	3	2	4	7	1	9	8
4	9	8	1	3	6	5	2	7
7	1	2	9	5	8	6	3	4
6	3	7	8	9	4	2	1	5
8	2	5	7	6	1	3	4	9
1	4	9	5	2	3	8	7	6

154

1	4	6	9	8	7	3	2	5
3	5	7	2	4	1	9	6	8
2	8	9	3	5	6	4	1	7
4	1	2	7	9	5	8	3	6
9	6	8	4	1	3	7	5	2
7	3	5	6	2	8	1	4	9
8	7	3	5	6	4	2	9	1
6	9	1	8	3	2	5	7	4
5	2	4	1	7	9	6	8	3

155

5	9	2	8	3	6	7	4	1
7	8	3	1	4	5	9	2	6
6	4	1	7	9	2	8	5	3
1	7	5	9	6	3	4	8	2
3	2	8	4	5	7	6	1	9
9	6	4	2	8	1	5	3	7
4	5	6	3	1	9	2	7	8
2	1	9	5	7	8	3	6	4
8	3	7	6	2	4	1	9	5

156

7	2	5	4	6	1	3	9	8
9	4	3	5	2	8	7	6	1
6	8	1	3	7	9	2	5	4
3	5	6	2	8	7	4	1	9
2	1	7	9	5	4	6	8	3
8	9	4	6	1	3	5	2	7
4	6	8	1	3	2	9	7	5
1	3	2	7	9	5	8	4	6
5	7	9	8	4	6	1	3	2

157

3	2	7	6	1	9	4	8	5
1	8	5	2	7	4	6	9	3
4	9	6	5	3	8	1	2	7
6	4	2	1	8	7	3	5	9
9	3	8	4	6	5	2	7	1
5	7	1	9	2	3	8	6	4
8	1	3	7	9	6	5	4	2
7	6	4	3	5	2	9	1	8
2	5	9	8	4	1	7	3	6

158

5	2	3	8	7	1	4	6	9
6	4	1	2	9	3	7	5	8
7	9	8	5	6	4	3	2	1
8	6	7	3	5	9	2	1	4
1	3	9	4	2	8	6	7	5
4	5	2	6	1	7	9	8	3
3	7	4	1	8	2	5	9	6
9	8	6	7	4	5	1	3	2
2	1	5	9	3	6	8	4	7

159

7	4	3	8	6	5	1	2	9
1	6	9	2	7	4	5	3	8
2	5	8	9	3	1	7	4	6
3	8	6	5	2	7	9	1	4
9	1	7	3	4	8	6	5	2
4	2	5	6	1	9	8	7	3
5	9	4	7	8	2	3	6	1
8	3	1	4	5	6	2	9	7
6	7	2	1	9	3	4	8	5

160

2	3	1	4	6	9	7	8	5
8	5	7	1	3	2	4	9	6
4	6	9	8	5	7	1	3	2
6	8	2	3	7	4	9	5	1
5	7	4	9	1	8	2	6	3
9	1	3	6	2	5	8	4	7
3	4	6	7	9	1	5	2	8
7	2	8	5	4	6	3	1	9
1	9	5	2	8	3	6	7	4

161

5	1	8	4	3	6	9	2	7
7	4	3	8	9	2	1	5	6
6	9	2	7	5	1	8	4	3
9	7	6	5	1	4	3	8	2
8	5	4	6	2	3	7	1	9
3	2	1	9	7	8	5	6	4
4	8	7	1	6	9	2	3	5
1	3	9	2	4	5	6	7	8
2	6	5	3	8	7	4	9	1

162

7	2	3	8	5	4	1	6	9
8	9	6	3	1	2	4	5	7
1	4	5	9	7	6	2	8	3
4	7	8	5	3	1	6	9	2
9	5	2	4	6	8	3	7	1
6	3	1	7	2	9	8	4	5
2	1	9	6	8	7	5	3	4
5	6	7	2	4	3	9	1	8
3	8	4	1	9	5	7	2	6

163

5	2	8	1	7	9	3	6	4
6	9	4	2	3	5	7	1	8
3	1	7	4	6	8	5	9	2
8	3	1	6	4	7	2	5	9
7	4	9	5	1	2	8	3	6
2	5	6	9	8	3	4	7	1
1	7	3	8	9	4	6	2	5
4	6	5	3	2	1	9	8	7
9	8	2	7	5	6	1	4	3

164

2	4	7	3	6	8	9	1	5
8	1	3	5	9	2	6	7	4
5	9	6	7	4	1	2	8	3
9	6	8	2	7	5	4	3	1
7	5	1	4	3	9	8	2	6
3	2	4	8	1	6	5	9	7
6	8	2	1	5	3	7	4	9
4	3	9	6	8	7	1	5	2
1	7	5	9	2	4	3	6	8

165

8	6	5	7	3	1	4	9	2
2	7	9	5	8	4	1	3	6
4	3	1	2	9	6	8	7	5
1	4	2	9	6	8	7	5	3
3	9	7	1	5	2	6	4	8
5	8	6	3	4	7	2	1	9
7	5	8	4	2	3	9	6	1
9	2	4	6	1	5	3	8	7
6	1	3	8	7	9	5	2	4

166

6	2	1	9	7	4	8	3	5
5	7	3	1	8	2	6	4	9
9	8	4	5	3	6	7	1	2
3	4	8	2	6	1	9	5	7
7	1	5	8	4	9	3	2	6
2	6	9	3	5	7	1	8	4
8	9	6	4	1	5	2	7	3
4	3	2	7	9	8	5	6	1
1	5	7	6	2	3	4	9	8

167

3	8	7	6	5	9	2	1	4
9	1	5	7	2	4	8	6	3
2	6	4	3	1	8	9	7	5
8	3	6	1	9	5	4	2	7
4	5	1	2	7	6	3	8	9
7	2	9	8	4	3	6	5	1
5	4	2	9	8	7	1	3	6
6	7	8	4	3	1	5	9	2
1	9	3	5	6	2	7	4	8

168

4	3	5	9	2	1	6	7	8
9	2	6	3	7	8	4	1	5
7	8	1	6	4	5	3	2	9
6	7	4	5	3	2	9	8	1
8	9	2	7	1	6	5	4	3
5	1	3	4	8	9	7	6	2
2	5	7	8	9	4	1	3	6
3	6	8	1	5	7	2	9	4
1	4	9	2	6	3	8	5	7

169

3	5	1	9	6	7	8	2	4
7	8	9	2	1	4	6	3	5
2	4	6	3	8	5	1	7	9
9	1	2	4	5	3	7	6	8
5	7	8	1	2	6	9	4	3
4	6	3	8	7	9	5	1	2
1	9	5	6	4	2	3	8	7
6	3	4	7	9	8	2	5	1
8	2	7	5	3	1	4	9	6

170

9	5	4	8	7	6	3	1	2
6	7	8	3	2	1	4	9	5
2	1	3	5	9	4	7	8	6
3	8	6	2	1	5	9	7	4
7	4	2	6	8	9	1	5	3
1	9	5	4	3	7	6	2	8
5	6	7	1	4	8	2	3	9
4	3	9	7	5	2	8	6	1
8	2	1	9	6	3	5	4	7

171

2	8	3	9	4	1	5	7	6
1	6	5	7	2	3	8	9	4
9	4	7	8	6	5	1	3	2
3	1	6	2	9	8	7	4	5
7	9	8	3	5	4	2	6	1
4	5	2	1	7	6	9	8	3
8	7	1	6	3	2	4	5	9
5	3	9	4	1	7	6	2	8
6	2	4	5	8	9	3	1	7

172

5	9	8	2	4	7	3	6	1
4	7	1	8	6	3	9	2	5
2	3	6	1	5	9	7	4	8
6	5	3	9	1	4	2	8	7
7	1	4	5	2	8	6	3	9
8	2	9	3	7	6	5	1	4
9	8	7	4	3	2	1	5	6
1	4	2	6	9	5	8	7	3
3	6	5	7	8	1	4	9	2

173

6	5	1	9	2	4	3	8	7
3	2	7	1	8	6	9	5	4
4	8	9	3	7	5	2	6	1
2	6	3	5	4	1	7	9	8
1	9	8	6	3	7	4	2	5
7	4	5	2	9	8	6	1	3
8	1	2	7	6	3	5	4	9
9	7	4	8	5	2	1	3	6
5	3	6	4	1	9	8	7	2

174

2	4	6	7	3	9	5	8	1
3	7	9	5	8	1	6	2	4
8	1	5	6	4	2	9	7	3
1	6	3	4	7	5	8	9	2
4	9	7	1	2	8	3	6	5
5	8	2	3	9	6	1	4	7
6	5	4	9	1	7	2	3	8
9	3	8	2	5	4	7	1	6
7	2	1	8	6	3	4	5	9

5	1	4	8	3	9	2	7	6
2	7	9	1	4	6	5	8	3
6	3	8	2	7	5	1	9	4
1	8	5	3	9	4	7	6	2
4	9	7	6	8	2	3	5	1
3	2	6	5	1	7	9	4	8
9	6	3	7	2	8	4	1	5
7	5	1	4	6	3	8	2	9
8	4	2	9	5	1	6	3	7

Tough solutions

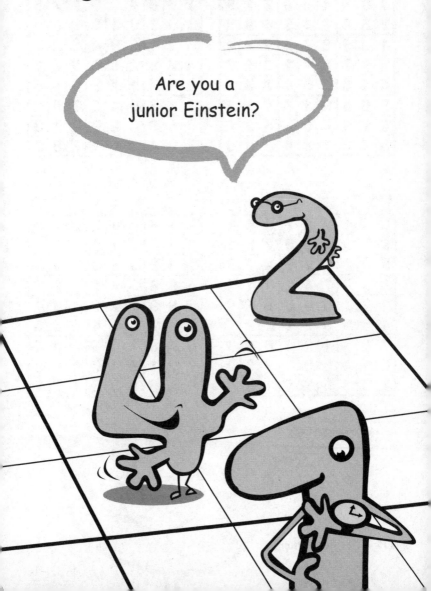

176

7	5	6	8	2	9	1	4	3
9	8	1	4	6	3	2	7	5
2	3	4	7	1	5	6	9	8
1	2	5	3	7	6	9	8	4
8	9	7	2	4	1	3	5	6
6	4	3	5	9	8	7	2	1
5	6	8	9	3	7	4	1	2
4	1	9	6	5	2	8	3	7
3	7	2	1	8	4	5	6	9

177

2	4	3	7	5	8	1	9	6
1	5	6	4	3	9	2	7	8
8	9	7	6	1	2	3	5	4
6	3	1	5	9	4	8	2	7
4	7	5	2	8	6	9	3	1
9	8	2	1	7	3	6	4	5
3	1	8	9	4	5	7	6	2
5	6	9	8	2	7	4	1	3
7	2	4	3	6	1	5	8	9

178

5	4	1	2	3	7	9	6	8
9	7	8	4	5	6	2	3	1
3	6	2	9	1	8	4	7	5
8	3	9	7	4	2	5	1	6
1	2	7	5	6	3	8	4	9
4	5	6	8	9	1	3	2	7
7	8	5	1	2	4	6	9	3
6	1	4	3	8	9	7	5	2
2	9	3	6	7	5	1	8	4

179

7	5	3	4	6	2	8	1	9
8	6	4	7	1	9	2	5	3
1	9	2	5	8	3	7	4	6
4	3	6	8	5	1	9	2	7
5	8	9	2	7	6	4	3	1
2	1	7	3	9	4	6	8	5
6	7	8	1	2	5	3	9	4
3	2	1	9	4	7	5	6	8
9	4	5	6	3	8	1	7	2

180

7	4	5	2	3	8	1	6	9
1	8	9	6	5	7	2	4	3
3	2	6	4	1	9	5	8	7
2	9	3	7	6	1	4	5	8
5	7	8	9	2	4	3	1	6
6	1	4	3	8	5	7	9	2
8	6	7	5	4	3	9	2	1
9	5	2	1	7	6	8	3	4
4	3	1	8	9	2	6	7	5

181

1	8	5	9	6	7	4	3	2
9	7	4	2	5	3	8	6	1
3	2	6	8	4	1	5	9	7
5	1	3	6	2	8	9	7	4
8	9	7	3	1	4	6	2	5
6	4	2	5	7	9	1	8	3
2	6	8	1	3	5	7	4	9
4	5	9	7	8	2	3	1	6
7	3	1	4	9	6	2	5	8

182

2	5	8	6	1	7	9	4	3
6	1	4	2	3	9	7	5	8
9	7	3	5	4	8	2	1	6
1	4	9	7	8	3	6	2	5
5	3	6	1	9	2	8	7	4
7	8	2	4	6	5	3	9	1
8	6	1	9	7	4	5	3	2
4	2	7	3	5	6	1	8	9
3	9	5	8	2	1	4	6	7

183

4	5	3	8	7	2	9	1	6
8	6	2	1	9	5	3	7	4
9	7	1	3	6	4	8	2	5
1	3	5	7	2	9	4	6	8
7	2	4	6	3	8	1	5	9
6	9	8	5	4	1	2	3	7
5	1	9	2	8	6	7	4	3
3	4	6	9	1	7	5	8	2
2	8	7	4	5	3	6	9	1

184

9	1	2	3	7	5	4	8	6
8	4	3	9	1	6	7	2	5
7	5	6	8	2	4	3	9	1
1	6	5	7	8	2	9	4	3
3	2	8	1	4	9	6	5	7
4	7	9	6	5	3	8	1	2
5	3	1	4	6	8	2	7	9
6	8	7	2	9	1	5	3	4
2	9	4	5	3	7	1	6	8

185

2	9	8	7	3	5	6	1	4
5	7	6	8	1	4	3	2	9
4	3	1	6	2	9	8	5	7
7	8	2	1	5	3	9	4	6
3	5	4	9	8	6	1	7	2
1	6	9	2	4	7	5	8	3
8	4	3	5	6	2	7	9	1
6	1	7	4	9	8	2	3	5
9	2	5	3	7	1	4	6	8

186

4	5	8	3	9	6	7	1	2
6	7	2	8	1	5	9	3	4
1	9	3	7	4	2	5	8	6
2	8	7	5	6	3	4	9	1
3	1	4	2	8	9	6	7	5
5	6	9	1	7	4	8	2	3
8	3	6	4	2	7	1	5	9
7	4	5	9	3	1	2	6	8
9	2	1	6	5	8	3	4	7

187

7	4	5	9	6	8	1	3	2
9	1	2	4	3	5	6	7	8
8	6	3	2	7	1	5	9	4
3	8	7	1	2	9	4	5	6
1	5	4	6	8	3	9	2	7
6	2	9	5	4	7	3	8	1
5	3	8	7	1	6	2	4	9
4	9	1	8	5	2	7	6	3
2	7	6	3	9	4	8	1	5

188

4	6	3	5	9	7	2	8	1
8	2	7	6	4	1	9	5	3
9	1	5	2	3	8	6	4	7
7	4	6	8	1	3	5	2	9
1	9	2	4	6	5	3	7	8
5	3	8	9	7	2	1	6	4
2	5	4	3	8	9	7	1	6
3	8	1	7	5	6	4	9	2
6	7	9	1	2	4	8	3	5

189

7	6	2	5	4	8	1	3	9
8	9	5	3	1	7	4	6	2
1	3	4	6	9	2	5	8	7
3	2	1	7	8	4	6	9	5
6	8	9	2	5	3	7	4	1
5	4	7	9	6	1	3	2	8
2	1	8	4	3	5	9	7	6
9	7	3	1	2	6	8	5	4
4	5	6	8	7	9	2	1	3

190

9	3	4	2	8	1	5	6	7
1	2	8	7	6	5	4	3	9
7	6	5	3	4	9	8	2	1
3	1	9	4	7	8	2	5	6
2	4	7	5	3	6	9	1	8
8	5	6	9	1	2	7	4	3
4	9	3	1	2	7	6	8	5
6	7	1	8	5	4	3	9	2
5	8	2	6	9	3	1	7	4

191

7	3	4	9	5	8	6	1	2
9	1	8	6	2	7	4	5	3
2	6	5	3	1	4	7	9	8
3	8	2	4	6	1	5	7	9
6	5	1	8	7	9	2	3	4
4	7	9	2	3	5	8	6	1
8	2	3	7	9	6	1	4	5
5	9	7	1	4	2	3	8	6
1	4	6	5	8	3	9	2	7

192

3	1	7	4	6	2	9	8	5
6	2	4	5	9	8	7	1	3
8	9	5	1	7	3	6	2	4
4	3	9	6	1	5	2	7	8
1	8	2	9	3	7	4	5	6
7	5	6	2	8	4	3	9	1
9	7	8	3	5	6	1	4	2
5	4	3	7	2	1	8	6	9
2	6	1	8	4	9	5	3	7

193

4	9	1	3	6	5	8	7	2
5	6	3	2	8	7	9	1	4
8	7	2	9	1	4	5	6	3
2	8	6	5	4	1	3	9	7
1	4	9	7	3	8	2	5	6
3	5	7	6	2	9	4	8	1
7	1	4	8	9	3	6	2	5
6	3	8	1	5	2	7	4	9
9	2	5	4	7	6	1	3	8

194

1	3	2	6	5	4	8	7	9
5	8	7	2	9	3	1	4	6
6	9	4	7	1	8	5	3	2
9	4	8	1	7	2	3	6	5
3	2	5	9	8	6	7	1	4
7	6	1	4	3	5	2	9	8
4	7	9	5	2	1	6	8	3
8	5	6	3	4	7	9	2	1
2	1	3	8	6	9	4	5	7

195

7	2	1	6	3	8	9	4	5
8	4	5	1	9	7	6	2	3
9	3	6	4	5	2	1	8	7
5	9	2	7	4	3	8	1	6
3	6	4	8	1	5	7	9	2
1	7	8	2	6	9	3	5	4
4	1	7	5	8	6	2	3	9
6	8	3	9	2	4	5	7	1
2	5	9	3	7	1	4	6	8

196

5	3	6	4	1	2	9	7	8
4	9	2	7	5	8	6	1	3
8	1	7	9	3	6	4	5	2
1	5	9	8	2	4	3	6	7
2	8	3	6	7	1	5	9	4
7	6	4	5	9	3	8	2	1
3	7	8	2	6	9	1	4	5
9	2	1	3	4	5	7	8	6
6	4	5	1	8	7	2	3	9

197

2	5	8	9	4	3	1	7	6
4	6	3	7	5	1	9	2	8
1	9	7	6	8	2	3	4	5
5	3	1	2	7	6	4	8	9
8	4	6	5	3	9	7	1	2
7	2	9	4	1	8	6	5	3
9	8	2	1	6	4	5	3	7
3	7	4	8	9	5	2	6	1
6	1	5	3	2	7	8	9	4

198

6	8	2	1	3	5	4	9	7
5	7	4	6	2	9	1	3	8
1	9	3	4	8	7	5	2	6
7	4	9	3	1	2	8	6	5
3	6	5	8	7	4	9	1	2
2	1	8	9	5	6	3	7	4
4	5	1	7	6	3	2	8	9
9	3	6	2	4	8	7	5	1
8	2	7	5	9	1	6	4	3

199

9	2	6	8	7	5	4	1	3
8	4	1	2	6	3	5	7	9
7	3	5	4	9	1	8	6	2
2	8	7	6	3	4	1	9	5
4	5	3	1	2	9	6	8	7
1	6	9	7	5	8	3	2	4
5	1	8	9	4	7	2	3	6
3	7	2	5	1	6	9	4	8
6	9	4	3	8	2	7	5	1

200

6	3	7	8	1	4	9	5	2
2	9	1	3	6	5	4	8	7
8	5	4	7	2	9	6	1	3
5	7	3	9	4	1	2	6	8
1	2	8	6	3	7	5	4	9
4	6	9	2	5	8	7	3	1
9	1	6	5	8	2	3	7	4
3	4	2	1	7	6	8	9	5
7	8	5	4	9	3	1	2	6